Research on the Construction of Elderly Care
Services System in Guizhou Province

贵州养老服务体系建设研究

程杰 韩笑 著

中国社会科学出版社

图书在版编目(CIP)数据

贵州养老服务体系建设研究 / 程杰, 韩笑著.
北京:中国社会科学出版社, 2025. 3. -- ISBN 978-7
-5227-4822-1

Ⅰ. D669.6

中国国家版本馆 CIP 数据核字第 2025JG5245 号

出 版 人	赵剑英
责任编辑	王　衡
责任校对	郝阳洋
责任印制	郝美娜

出　　版	中国社会科学出版社
社　　址	北京鼓楼西大街甲 158 号
邮　　编	100720
网　　址	http://www.csspw.cn
发 行 部	010-84083685
门 市 部	010-84029450
经　　销	新华书店及其他书店
印　　刷	北京明恒达印务有限公司
装　　订	廊坊市广阳区广增装订厂
版　　次	2025 年 3 月第 1 版
印　　次	2025 年 3 月第 1 次印刷
开　　本	710×1000　1/16
印　　张	13.5
插　　页	2
字　　数	205 千字
定　　价	78.00 元

凡购买中国社会科学出版社图书,如有质量问题请与本社营销中心联系调换
电话:010-84083683
版权所有　侵权必究

前　　言

本书是中国社会科学院国情调研贵州基地（以下简称"贵州基地"）"十四五"时期阶段性研究成果。中国社会科学院人口与劳动经济研究所（以下简称"人口所"）与贵州省社会科学院共同承担贵州基地建设日常管理与调查研究任务。经过双方沟通商讨，共同研究制定了"十四五"时期基地建设总体框架与实施方案，坚持以习近平新时代中国特色社会主义思想为指导，贯彻落实大兴调查研究之风，围绕实施积极应对人口老龄化国家战略这一重大议题，使用科学规范的调查方法，扎实开展调查研究，将数据库建设作为重点任务，探索优势互补的合作模式，加强人才交流与合作研究，致力于推出高质量调查研究成果。

一　"十四五"前半程基地建设的主要进展

（一）制定总体框架，明确重点领域

新一轮国情调研基地建设于2021年年初启动，在中国社会科学院统筹安排和统一部署下，我们接到合作共建贵州基地的任务，及时开展对接工作。2021年4月26日，贵州省社会科学院王跃斌主任、许峰处长等一行来人口所交流，首次召开贵州基地建设对接会。人口所原党委书记钱伟介绍了研究所和国情调研基地建设基本情况，贵州省社会科学院同志介绍了贵州院基本情况及"十四五"时期重点研究领域，程杰介绍了研究所"十三五"时期国情调研基地建设成效与经验，双方对"十四五"时期贵州基地建设的基本思路、重点领域、调研方式、联合

团队组建、预期成果等事宜进行了初步交流。会后，我们起草了"十四五"时期贵州基地建设的总体思路与研究选题，并向双方领导汇报审阅。

为更好地发挥国情调研在全面建设社会主义现代化国家中的作用，推动第三轮院级国情调研基地建设工作，中国社会科学院于2021年5月11—14日在兰州市召开"国情调研基地建设研讨会"。人口所与贵州省社会科学院在会上交流了国情调研基地建设经验和调研成果，并按照中国社会科学院统一部署，基地对接研究所与对口联系单位协商新一轮基地五年建设期间的工作计划。张学立院长与人口所原党委书记钱伟对贵州基地建设工作提出了具体指导和要求。会后，我们进一步完善和细化了基地建设的总体框架、实施方案与工作计划。

2021年5月28—30日，中国社会科学院科研局、贵州省社会科学院联合举办了第九届中国·贵州"后发赶超"论坛，这一论坛也成为贵州省社会科学院的一个品牌活动，影响力越来越大。会上举行了中国社会科学院国情调研贵州基地揭牌仪式，人口所原党委书记钱伟参会并主持了主旨报告环节，会议期间，我们双方进行了贵州基地建设对接磋商，进一步明确了基地建设的方向与实施方案，我们团队与贵州院城市经济研究所王兴骥所长就具体工作计划进行了商讨。

经过双方多次沟通讨论，我们确定了贵州基地建设的总体要求与重点领域。面向全面建设社会主义现代化国家，围绕"十四五"规划和2035远景目标纲要，立足于积极应对人口老龄化国家战略、绿色发展和生态文明建设、巩固拓展脱贫攻坚成果同乡村振兴有效衔接，以及区域协调发展战略等新要求新任务，围绕贵州省"十四五"时期确立的"四新""四化"战略布局，结合贵州省新时期经济社会发展定位和省情、民情，开展扎实调查研究，服务于党中央国务院和相关部门政策决策。

结合我们双方的研究专长与前期研究基础，确定国情调研的重点选题"积极应对人口老龄化战略的实施路径与应对之策——贵州省的挑战与探索"。主要包括"未富先老"挑战：人口老龄化、经济增长动能转换、区域不平衡、碳达峰碳中和战略部署等多重压力；新增长点与经济转型：依托贵州省特有的资源环境优势，加快发展养老产业、绿色产业、生态经济等，推动新型城镇化发展，探索将人口转型、资源环境等压力转变为经济增长新动能；公共服务体系建设与市场环境：把握贵州省的人口结构与分布特征，加强养老服务、托育服务、社会保障、教育培训、生态补偿、基础设施等公共服务体系建设，补齐公共产品供给短板，营造良好的市场环境；贵州经验与模式总结：从绿色发展转型、养老与托育服务体系、脱贫攻坚与乡村振兴、民族文化经济等方面，总结贵州省在积极应对人口老龄化战略实施过程中的经验模式，提炼具有一般性和可推广价值的对策。

（二）注重科学调查方法，开展数据库建设

习近平总书记指出，"调查研究是谋事之基、成事之道，没有调查就没有发言权，没有调查就没有决策权"。[①] 同时，习近平总书记对调查研究的方法论也很重视，要求提高决策的科学化水平，必须把调查研究贯穿于决策的全过程，真正成为决策的必经程序，尽可能多听一听基层和一线的声音，尽可能多接触第一手材料，对调研得来的大量材料和情况，要认真研究分析，坚决不搞作秀式、盆景式和蜻蜓点水式调研。科学规范的社会调查是我们研究所几十年来一贯坚持的传统，也是贵州省社会科学院在科研规划和智库建设中高度重视和重点支持的。我们双方达成了共识，在贵州基地建设中注重调查研究的科学性、规范性，将特定群体的普查、随机住户抽样调查、典型案例调查等方法相结合，将数据库建设作为基地建设的重点任务。

目前，我们初步建成了贵州省人口与老龄化基础数据库。主要包括四个方面内容：一是贵州省人口基础数据库，主要整理了历次全国人口普查特别是2000年以来近三次普查相关指标，建立了全省分县（市）人口、乡镇（街道）人口数据库，以全面地把握贵州省人口发展与老龄化动态变化。二是收集整理贵州省养老服务政策数据库，系统梳理了党的十八大以来贵州省出台的有关养老服务的发展规划、制度建设与政策文件等，对于全面把握贵州省养老服务政策环境具有指导意义。三是

---

① 中共中央党史和文献研究院编：《习近平关于力戒形式主义官僚主义重要论述选编》，中央文献出版社2020年版，第89页。

初步建立贵州省养老服务机构基础数据库，形成了覆盖全市（州）近1400家养老服务机构，对于全面了解贵州省养老服务供给体系具有基础支撑作用。四是收集整理贵州省养老服务典型案例资料库，如遵义金狮山社区"时间银行"、贵阳太阳谷安养中心、黔西南州五福社区异地搬迁养老服务等典型模式，通过总结各类举措，为实施积极应对老龄化战略提供经验启示。

同时，我们正在积极开展第五轮中国城市劳动力调查，依托贵州基地建设，贵阳市也将纳入次轮调查中。中国城市劳动力调查是人口所的品牌调查项目，于2001年启动，约每五年开展一轮调查，在上海、广州、武汉等城市随机抽取1000—1200户家庭、约3000人开展问卷调查，调查样本在城市层面具有代表性，调查内容涵盖人口、就业、社会保障等民生领域各方面。这次贵阳市抽样调查借助了贵州省社会科学院、国情调研贵州基地的力量，协调了贵州财经大学的学生调查员队伍。2023年8月调查顺利完成，最终采集44个社区、1071户家庭、3289位居民数据，形成一套具有较高质量的微观家庭数据库，服务于基地建设、智库建设与学术研究。

（三）加强院省合作，推动智库建设

依托贵州基地联合组建团队，拓展合作研究。"十四五"时期以来，人口所承担了中国社会科学院和贵州省社会科学院的院省合作特别委托课题"贵州省人口老龄化现状及应对策略研究""加强贵州产业人才队伍建设对策研究""贵州后发赶超中的人口因素研究"，双方青年科研骨干参与调查研究，整合各自研究资源，赴典型地区调研人口流动与老龄化问题，赴典型企业实地调研引才难、留人难问题，召开相关部门座谈会，形成了积极应对贵州省老龄化问题与对策、推进"四新""四化"产业人才体系建设等研究报告，发挥了建言献策、政策决策支持的作用。

基地建设与智库建设支撑一个良好的学术交流平台。2022年7月24—26日，第十届中国·贵州"后发赶超"论坛在贵州省铜仁市举行，人口所原党委书记、中国社会科学院应对老龄化研究中心主任钱伟参会并做了"以人才汇聚推进贵州后发赶超"的报告，交流了依托基地建设的智库研究成果。

依托基地建设联合培养人才。贵州省社会科学院与中国社会科学院联合培养博士后已有良好基础，据了解目前与多个研究所合作、累计联合招收博士后近40人。2021年5月，经过双方沟通协商，筹划签订了《联合招收培养博士后协议书》，为博士后配备双导师，共同指导博士后的科研工作，以充分发挥双方各自资源、平台优势。

2023年6月下旬，人口所党委书记都阳一行赴贵州参加贵州基地建设工作会，与贵州省社会科学院领导和团队交流，为更好地推动基地建设高质量发展，提出几方面要求和计划：一是支持国情调研基地的数据库建设；二是创新国情调研基地的合作模式；三是加强国情调研基地建设的成果转化；四是推动基地人才联合培养。

二 "十四五"后半程基地建设的研究计划

"十四五"时期是中国迈向高收入阶段的关键时期，机遇和挑战都有新的发展变化，一些重大议题有待深入研究，国情调研基地将承担着重要使命和职能。基地建设必须继续贯彻落实习近平总书记"大兴调查研究之风"的重要指示精神，坚持"调"与"研"并重，既要拓展调查，更要深入研究。2024年是"十四五"规划的中期评估之年，也是贵州基地建设的中期评估之年，为更好地推动基地建设高质量发展，我们对下一步工作计划有几方面考虑与建议。

一是支持国情调研基地的数据库建设。数据是核心资源，数据库是基地建设高质量发展的关键支撑。人口所在数据库建设方面已经积累了一些基础，建议充分利用已有平台资源，发挥各自优势，继续完善目前初步建成的贵州省人口与老龄化基础数据库，丰富"一老一小"服务体系的供给侧与需求侧数据，鼓励中青年科研骨干参与数据库建设与开发中，尝试依托贵州省社会科学院以及各地分院，联合共建固定调查点，开展动态追踪调查。

二是创新国情调研基地的合作模式。国情调研扎实开展需要得到居民、企业、社区、政府机构等各方面有力支持，尤其大型科学抽样调查不仅需要财力投入，强有力的执行队伍也是不可或缺的。建议探索与地方各类机构建立合作关系，尝试与地方高等院校、职业培训机构等建立国情调研实践基地，依托当地在校学生和人力资源壮大调研队伍，构建更加完备的调研体系。

三是加强国情调研基地建设的成果转化。按照基地建设方案和研究计划，"十四五"时期至少要发布两部专著成果，本书是国情调研基地阶段性成果，得到了贵州省社会科学院的支持。双方将继续协作，多渠道转化国情调研成果，通过各自平台向有关部门递交国情调研政策要报，鼓励在学术期刊和报刊媒体共同发布调研成果。

四是推动基地人才联合培养。依托国情调研基地联合举办中青年学术研讨会，广泛开展学术交流与合作研究。继续依托院省合作特别委托课题，鼓励双方青年科研骨干联合组建团队，开展高质量的对策研究。鼓励和支持双方互派青年学者到中国社会科学院相关研究所与贵州省社会科学院做访问学者、挂职锻炼，在基地建设中加强青年人才培养。

"未富先老"是贵州经济社会发展最大的约束条件之一，如何破解贵州"提供人口，但红利由经济发达地区享受"的尴尬境况。经过双方商讨，下一阶段国情调研基地研究重点将围绕"贵州后发赶超中的人口因素"开展深入研究，并计划以此为主题出版第二部专著。

摘　　要

积极应对人口老龄化已经上升为重要的国家战略，欠发达地区在推进国家战略实施中面临更大挑战，任务也更加艰巨。总结地方实践经验，既是推动自身发展的要求，也是完善顶层设计的需要。贵州地处西南云贵高原，是典型的多民族地区，在经济欠发达地区具有代表性。本书依托国情调研基地建设，贯彻大兴调查研究之风，通过多种方式、多个维度的深入调查，探究欠发达地区推动养老服务高质量发展、积极应对老龄化的可行路径。

研究方法包括以下几个方面：一是构建贵州省人口基础数据库，以全面地把握贵州省人口发展与老龄化动态变化，并结合经济社会发展宏观统计指标，观察"未富先老"特征及其对贵州经济社会发展带来的挑战。二是开展贵州省养老服务机构抽样调查，采集覆盖贵州全省所有地市州近1400家各类养老服务机构数据，从微观视角观察养老服务供给主体特征。三是开展家庭住户抽样调查，以省会城市贵阳市为调查区域，采用与常住人口规模成比例的抽样方法抽取了44个社区，最终调查有效样本1071家庭、3289位居民，为全面把握居民养老服务需求提供了基础数据支撑。四是开展社区层面基本公共服务调查，同样以省会城市贵阳市为调查区域，设计专门的社区基本公共服务调查表，准确把握社区养老服务供给状况，并与家庭住户抽样调查数据匹配。五是开展典型案例调研，构建贵州省养老服务典型案例资料库，为实施积极应对老龄化战略提供经验启示。六是构建贵州省养老服务政策数据库。

"未富先老"是欠发达地区经济发展最大的约束条件，人口与经济快速转型成为贵州养老服务发展的最重要"基础环境"与"硬约束"，面临着"提供人口，但红利由经济发达地区享受"的尴尬境况。贵州省养老服务机构发展速度较快，但仍存在发展不足、质量不高等问题，养老服务供给不足是养老服务体系建设的关键短板。养老服务供需矛盾突出是养老服务体系的关键"堵点"，尤其是居家社区养老服务供给能力不足、供给水平不高、供给效率低、供给协同少、供需匹配性弱等问题突出。养老服务领域的公共属性与产业属性界定不清是深层次体制机制问题。

积极应对人口老龄化本质上要求在发展中寻求破解之道，需要明确政府、市场、社区和家庭的角色与功能，补齐公益性、基础性服务业供给短板，加快推动养老服务高质量发展。关键举措包括以下几个方面：一是依托社区开展居家养老服务，构建居家社区机构相协调、医养康养相结合的养老服务体系。二是鼓励多种养老服务模式创新发展，支持"公建民营"的模式，积极探索"机构+社区+居家"的养老服务模式，支持养老服务与小城镇建设、特色产业融合发展。三是支持养老机构市场化运营，厘清政府与市场的职能范围，公办养老机构属于政府养老事业范畴，民营养老机构纳入养老产业发展范畴，养老事业与养老产业之间相互补充，避免相互挤压。四是鼓励大数据、智能技术在养老服务中应用，支持"时间银行"互助养老服务模式。五是推进医疗卫生资源下沉，健全治疗—康复—长期护理服务链。六是鼓励差异化养老服务及产品创新，满足老年人多层次的养老服务需求，推动养老事业和产业协调发展。七是加强养老服务专业人才培养，发挥市场机构培养专业人才的作用。八是加快补齐养老服务"短板"，关注特殊困难群体的养老问题。九是全面实施长期照护保险制度，做好老龄化高峰阶段的养老资源储备。十是积极开发老年人力资源，为养老服务体系释放压力。

Abstract

Actively addressing the aging problem has become an important national strategy, and underdeveloped regions face greater challenges and more arduous tasks in this process. Summarizing local practical experience is not only a requirement for local development but also a need to improve top-level design. As a representative of underdeveloped areas, Guizhou province is a typical multi-ethnic region located in the Yunnan-Guizhou plateau in the southwest of China. Based on the construction of national research bases, this book explores feasible paths for underdeveloped areas to actively respond to aging through in-depth investigations in various ways and dimensions.

The research methods are as follows. Firstly, construct a population database of Guizhou to comprehensively grasp the dynamic changes of population development and aging. Combine it with macroeconomic statistical indicators of economic and social development to observe the characteristics of "aging before getting rich" and the challenges it brings to Guizhou's economic and social development. Secondly, survey elderly care service institutions in Guizhou, collecting data from nearly 1400 institutions covering all regions, cities, and prefectures, and observe the characteristics of elderly care service providers from a micro perspective. Thirdly, a household sampling survey was conducted, with Guiyang city as the survey area. A sampling method proportional to the size of the permanent population was used to select 44 communities. The final effective sample for the survey was 1071 households and 3289 residents, providing data support for comprehensively grasping the demand for elderly care services among residents. Fourthly, conduct a survey on basic public services at the community level, with Guiyang as the survey area. A specialized survey form for basic public services in the community was designed to accurately grasp the characteristics of community elderly care services. Match it with the data from household sampling surveys. Fifthly, conduct typical case studies and build a database of typical cases of elderly care services in Guizhou, providing experience and inspiration for implementing the strategy of actively responding to aging. Finally, build a database of elderly care service policies in Guizhou.

"Aging before getting rich" is the biggest constraintin underdeveloped areas. The rapid transformation of population and economy has become the most important "basic environment" and "hard constraint" for the development of elderly care services in Guizhou. It is facing the awkward situation of "providing labor force but the dividends are enjoyed by developed areas". The development speed of elderly care service institutions in Guizhou is relatively fast, but they are still of low quality, and the supply is insufficient. The prominent contradiction between supply and demand of elderly care services is a key "bottleneck", especially the insufficient supply capacity, low supply level and efficiency, limited coordination, and weak supply-demand matching of home-based community elderly care services. The unclear definition of public and industrial attributes in the field of elderly care services is a deep-seated institutional mechanism problem.

Actively addressing the agingproblem essentially requires seeking solutions in development, clarifying the roles and functions of the government, market, community, and family, filling the gaps in the supply of public welfare and basic services, and accelerating the high-quality development of elderly care services. Key measures are as follows. Firstly, rely on communities to carry out home-based elderly care services, and build a coordinated elderly care service system that combines home-based community institutions and medical care and health preservation. Secondly, encourage the innovative development of various elderly care service modes, support the mode of "construct publicly, operate privately", actively explore the "institution-community-home" elderly care service model, and support the integration and development of elderly care services with small-town construction and characteristic industries. Thirdly, support the market-oriented operation of elderly care institutions and clarify the functional scope of the government and the market. Public elderly care institutions belong to the public elderly care industry, while private elderly care institutions are included in the development of the commercial elderly care industry. They complement each other and mutual compression should be avoided. Fourthly, encourage the application of big data and intelligent technology in elderly care services and support the "time bank" mutual aid elderly care service model. Fifthly, promote the sinking of medical and health resources and improve the treatment rehabilitation long-term care service chain. Sixthly, encourage differentiated elderly care services and product innovation, meet the multi-level needs of the elderly, and promote the coordinated development of the elderly care industry. Seventhly, strengthen the cultivation of professional talents in elderly care services and leverage the role of commercial institutions in cultivating professional talents. Eighthly, accelerate the filling of the gaps in elderly care services and pay attention to the elderly care issues of especially disadvantaged groups. Ninthly, fully implement the long-term care insurance system and reserve elderly care resources during the peak stage of the aging population. Finally, actively develop elderly human resources and release pressure on the elderly care service system.

目 录

第一章 总 论 ……………………………………………………（1）
 一 研究背景：人口转型与"未富先老"的挑战 ……………（1）
 二 研究内容：欠发达地区养老服务高质量发展的贵州经验 …（5）
 三 研究方法：大兴调查研究之风的国情调研 ………………（6）
 四 研究发现：构建高质量养老服务体系 ……………………（8）

第二章 贵州人口结构变化与老龄化特征 ……………………（10）
 一 人口总量与增长 ………………………………………（10）
 二 人口结构 ………………………………………………（11）
 三 民族构成 ………………………………………………（14）
 四 人力资本构成 …………………………………………（14）
 五 就业与职业分布 ………………………………………（16）
 六 生育水平 ………………………………………………（18）
 七 老龄化水平 ……………………………………………（20）
 八 居民生活水平 …………………………………………（24）
 九 小结 ……………………………………………………（26）

第三章 贵州养老服务资源供给与结构特征 …………………（27）
 一 养老服务机构总体状况 ………………………………（27）
 二 养老服务机构的服务范围 ……………………………（31）
 三 养老床位供给与分布 …………………………………（34）
 四 养老服务从业人员状况 ………………………………（36）

五　小结 ……………………………………………………………（39）

第四章　贵州养老服务机构运营效益与效率 ………………（41）
　　一　养老服务机构的运营状况 …………………………………（41）
　　二　养老服务机构入住率与空置率 ……………………………（48）
　　三　养老服务机构照护人员配置 ………………………………（52）
　　四　养老服务机构建设投资与融资状况 ………………………（56）
　　五　小结 …………………………………………………………（58）

第五章　养老服务需求与供给的匹配：社区视角 …………（60）
　　一　社区居民老龄化特征与健康状况 …………………………（62）
　　二　社区居民养老服务需求状况与特征 ………………………（72）
　　三　社区养老服务供给状况与短板 ……………………………（79）
　　四　小结 …………………………………………………………（85）

第六章　贵州养老服务的创新举措与主要问题 ……………（88）
　　一　养老服务发展的总体目标与实施路径 ……………………（88）
　　二　养老服务发展的探索实践与创新举措 ……………………（94）
　　三　养老服务发展的政策体系 …………………………………（102）
　　四　政策体系面临的问题与挑战 ………………………………（109）
　　五　小结 …………………………………………………………（112）

第七章　贵州养老服务机构典型模式与经验探索 …………（115）
　　一　观山湖区养老服务中心：100%床位利用率 ……………（115）
　　二　纳具·和园：康养结合+特色小镇 ………………………（125）
　　三　金狮山社区："时间银行" …………………………………（132）
　　四　太阳谷安养中心：大数据+智慧养老 ……………………（139）
　　五　顺百年：医养结合连锁养老 ………………………………（147）
　　六　五福社区：易地扶贫搬迁安置点的养老服务 ……………（157）

第八章 欠发达地区养老服务高质量发展的路径与对策 …………（166）
  一 新时代养老服务发展面临的普遍矛盾 ……………………（166）
  二 贵州养老服务发展面临的主要挑战 ………………………（169）
  三 推动贵州养老服务高质量发展的对策建议 ………………（173）

附件1 贵州养老服务机构调查表 ……………………………（178）
附件2 贵州社区基本公共服务调查表 ………………………（184）
附件3 贵州社区基本公共服务调查填报说明 ………………（188）
附表4 贵州养老服务住户抽样调查方案 ……………………（191）

参考文献 …………………………………………………………（196）
后 记 ……………………………………………………………（199）

第一章

总　　论

习近平总书记强调："推进中国式现代化是一个系统工程，需要统筹兼顾、系统谋划、整体推进，正确处理好一系列重大关系。"① 其中，居于首要地位的就是顶层设计与实践探索的关系，推进中国式现代化要以习近平新时代中国特色社会主义思想为根本遵循，正确处理好顶层设计与实践探索的关系，实现二者良性互动。积极应对人口老龄化已经上升为重要的国家战略，中国经济社会发展不平衡不充分矛盾突出，欠发达地区在推进国家战略实施中面临更大挑战，任务也更加艰巨。通过总结地方实践探索，既是推动自身发展的要求，也是完善顶层设计的需要。

一　研究背景：人口转型与"未富先老"的挑战

中国刚刚步入中高收入发展阶段，人口老龄化也进入加速阶段，"未富先老"是当前及未来一段时期最重要的国情。国家统计局公布数据显示，按年平均汇率折算，2022 年，中国人均 GDP 达到 12741 美元，按照世界银行划分标准，距离高收入国家行列（12696 美元）只有"一步之遥"。但是，人口老龄化进程也同步进入加速通道。2022 年年末，中国 60 岁及以上人口比重高达 19.8%，65 岁及以上人口占比达到 14.8%，超过 14% 的"中

---

① 中共中央宣传部编：《习近平新时代中国特色社会主义思想学习纲要（2023 年版）》，学习出版社、人民出版社 2023 年版，第 62 页。

度老龄化社会"国际惯用标准。预计未来60岁及以上老龄人口占比将以每年1个百分点的增速提高，到2035年将突破30%；65岁及以上人口比重预计将在2033年超过21%，即中国将用十年左右时间就经历从"中度老龄化社会"向"重度老龄化社会"的过渡（见图1-1），该进程快于大部分相应老龄化阶段的世界典型国家。同时，中国人均预期寿命不断延长，2022年已达到77.9岁，老年群体长寿风险亟待解决。快速老龄化意味着中国尚未摆脱"未富先老"压力，社会支持体系面临巨大的支付压力。

人口负增长与老龄化进程交织，经济社会发展的短期与中长期压力叠加。与快速老龄化同步的是持续走低的生育水平，少子化特征显著。2022年，中华人民共和国成立以来较长时期的人口增长态势发生转折，人口总量达峰后出现负增长。国家统计局发布数据显示，2022年，中国总和生育率已下降到1.09的历史超低水平，全年出生人口仅为956万人。未来0—14岁人口占比将快速下降，2027年降至14.7%，中国由此进入"超少子化社会"（见图1-1）。按照联合国《2022年世界人口展望报告》（中方案），中国在步入重度老龄化社会前，人口负增长速度相对缓慢，人口年减少量在350万人以下；在步入重度老龄化社会后，总和生育率仍将长期在1.3—1.5的区间低位徘徊，总人口将以年均350万—1000万人的速度加速缩减，2050年总人口减少至13.17亿人。

劳动年龄人口负增长速度快于总人口，维持社会保障体系可持续的难度加大。早在2013年，中国劳动年龄人口就在达峰后进入下降通道。2020年中国15—64岁劳动年龄人口为9.68亿人。根据联合国《2022年世界人口展望报告》（中方案）预测，2035年该人口会缩减到9.31亿人，2050年减少到7.67亿人。一方面，劳动年龄人口下降与老年人口上升推高了老年抚养比，预计将从2020年的18.2上升到2035年的33.9和2050年的51.5，这意味着2050年每两个劳动年龄人口就需要抚养一位老人。另一方面，劳动力供给萎缩给依赖低成本青壮劳动力要素投入的经济生产模式带来挑战，导致未来潜在经济增长放缓，生产、就业结构面临冲击，年轻人数量和占比下降也可能导致创新活力不足，劳动生产率提高受阻。

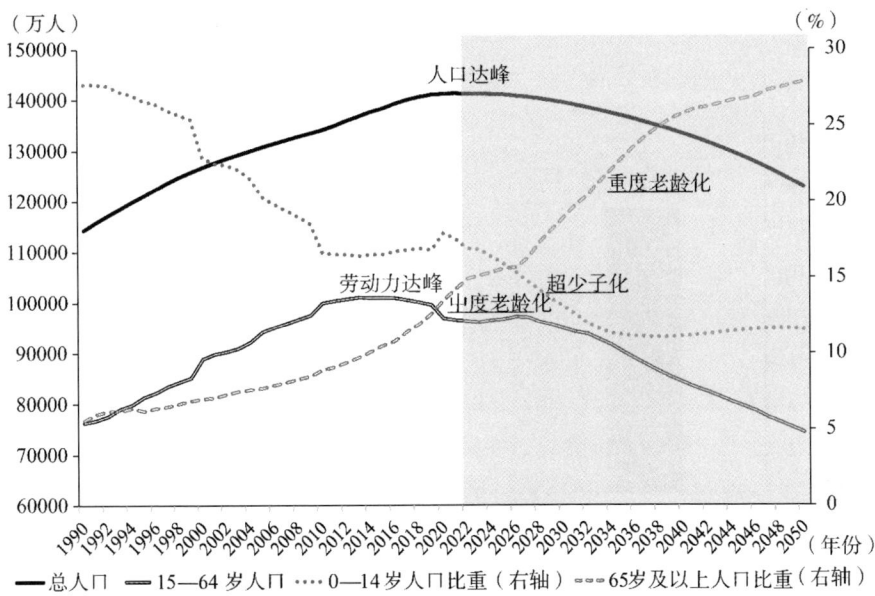

图 1-1 中国人口规模与人口结构变化（1990—2050 年）

注：1. 阴影部分为总人口负增长时期。2. 根据国际通行标准，0—14 岁人口占比低于 15% 的属于"超少子化"社会；65 岁及以上人口占比为 14%—21% 的属于"中度老龄化社会"，高于 21% 的属于"重度老龄化社会"。

资料来源：1990—2022 年数据来自国家统计局历年《中国统计年鉴》，2023—2050 年为中国社会科学院人口与劳动经济研究所课题组预测数据。

欠发达地区同时面临经济赶超与人口转型压力。一方面，贵州省尚处在经济赶超的过程中，2010 年贵州省人均 GDP 按美元计算不到 2000 美元，仅相当于全国人均 GDP 水平的 45%，经过十年的较快经济增长，到 2020 年贵州人均 GDP 水平提高到 7133 美元（见图 1-2），相当于全国人均 GDP 水平的 68%，尽管相对差距有所收敛，但绝对差距仍然较大，经济追赶的压力依然较大。另一方面，人口转型的压力开始显现，贵州省受益于多民族、生育水平相对稳定的有利条件，人口老龄化速度较之于全国相对平缓，2020 年 60 岁及以上人口比重为 15.4%，较十年前仅提高 2.6 个百分点，而同期全国老龄化水平提高 5.4 个百分点（见图 1-2）。但随

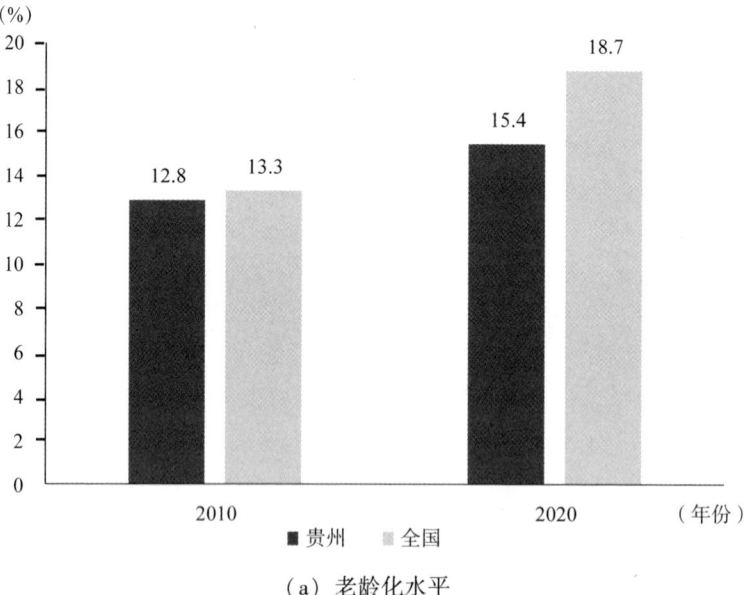

(a) 老龄化水平

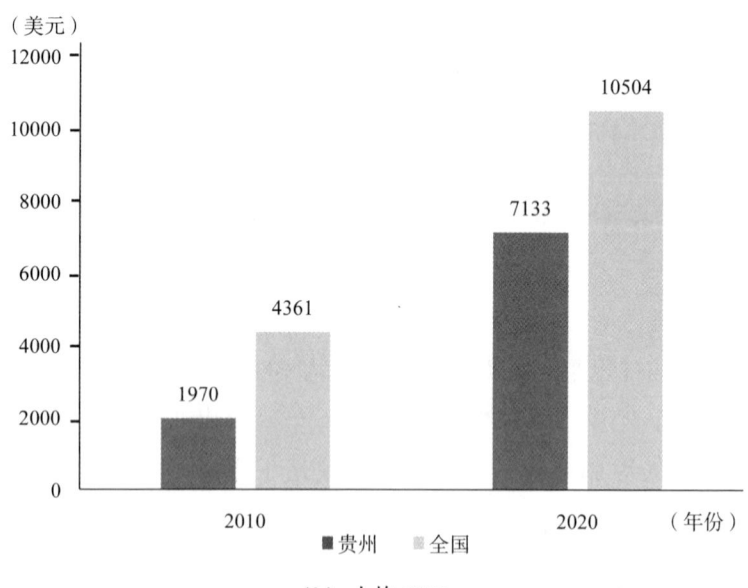

(b) 人均GDP

图1-2 贵州省与全国老龄化与经济发展水平

资料来源：第六次与第七次贵州省与全国人口普查，国家统计局发布的《中国统计年鉴》（相关年份）。

着整体老龄化进程加速，贵州省人口转型压力也持续加重，同时还将面临经济发达地区的人口与劳动力竞争，贵州的"人口"是否能够成为自身发展的"红利"，还是一个具有不确定性的问题。

二 研究内容：欠发达地区养老服务高质量发展的贵州经验

贵州省地处西南云贵高原，是典型的多民族地区，在经济欠发达地区具有代表性。本书研究的基本目标是：面向全面建设社会主义现代化国家，围绕《中华人民共和国国民经济和社会发展第十四个五年规划和二〇三五远景目标纲要》，立足于积极应对人口老龄化国家战略、绿色发展和生态文明建设、巩固拓展脱贫攻坚成果同乡村振兴有效衔接，以及区域协调发展战略等新要求、新任务，围绕贵州省"十四五"时期确立的三大战略行动，结合贵州省新时期经济社会发展定位和省情、民情，确定研究重点领域，开展扎实调查研究，服务于党中央、国务院和相关部门政策决策。

研究总体思路是将民生领域与经济发展统筹考虑，深刻领悟立足新发展阶段、贯彻新发展理念、构建新发展格局的精神，改变传统的"先发展、再治理""先增长、再分配"的思维模式。快速的人口转变与经济转型大幅压缩了改革"窗口期"，"积极应对人口老龄化战略"本质上是解决高质量发展问题，有必要将民生发展、生态文明建设、乡村振兴与整体经济转型发展融为一体。

研究重点着眼于四个方面：一是把握"未富先老"的挑战。包括人口老龄化、经济增长动能转换、区域不平衡、碳达峰碳中和战略部署等多重压力。二是寻找新增长点与经济转型。依托贵州省特有的资源环境优势，加快发展养老产业、绿色产业、健康经济、生态经济、旅游经济等，推动新型城镇化发展，探索将人口转型、资源环境等压力转变为经济增长

"新动能"。三是构建公共服务体系建设与市场环境。考虑贵州省的人口结构与分布特征，加强养老服务、社会保障、教育培训、生态补偿、基础设施等公共服务体系建设，补齐公共产品供给短板，营造良好的市场环境。四是总结贵州经验。通过扎实调查研究，从绿色发展转型、养老服务体系、脱贫攻坚与乡村振兴、民族文化经济等方面，总结贵州省在积极应对人口老龄化战略实施过程中的经验模式，提炼具有一般性和可推广价值的思路和对策。

本书以养老服务发展与体系建设作为切入点，通过全面总结贵州实践经验，探索欠发达地区积极应对人口老龄化的实施路径，为国家层面推进养老服务体系建设的顶层设计提供参考。具体研究内容包括以下几个方面：一是利用人口普查等权威数据，准确把握贵州人口结构变化与老龄化特征；二是利用覆盖全省的养老服务机构抽样调查，全面分析贵州养老服务资源供给与结构特征；三是利用养老服务机构的调查，深入探讨贵州养老服务机构运营效益与效率；四是利用家庭居民抽样调查数据和社区层面公共服务调查，从供需两方面观察养老服务需求与供给的匹配状况，找准养老服务体系的关键矛盾；五是全面梳理新时期以来贵州养老服务改革发展探索，从政策层面与政府管理角度总结养老服务的创新举措与主要问题；六是通过典型案例分析观察多样化的养老服务模式，探讨贵州养老服务供给的创新实践。

三 研究方法：大兴调查研究之风的国情调研

习近平总书记指出，"调查研究是谋事之基、成事之道，没有调查就没有发言权，没有调查就没有决策权"。[①] 本书依托国情调研基地建设，贯彻大兴调查研究之风，通过多种方式、多个维度的深入调查，探究欠发达地区积极应对老龄化的可行路径。具体研究方法包括以下几个方面。

---

① 中共中央党史和文献研究院编：《习近平关于力戒形式主义官僚主义重要论述选编》，中央文献出版社2020年版，第89页。

一是构建贵州省人口基础数据库。主要整理了历次全国人口普查特别是 2000 年以来近三次普查相关指标，建立了全省分县（市）人口、乡镇（街道）人口数据库，以全面地把握贵州省人口发展与老龄化动态变化，并结合经济社会发展宏观统计指标，观察"未富先老"特征及其对贵州经济社会发展带来的挑战。

二是开展贵州省养老服务机构抽样调查。采集覆盖贵州全省所有市（州）近 1400 家各类养老服务机构，从微观视角观察养老服务供给主体特征，把握养老服务供给侧的运行状况及其存在的"短板"，对于全面把握贵州省养老服务供给体系具有基础支撑作用。

三是开展家庭住户抽样调查。以 2020 年全国人口普查为抽样框，以省会城市贵阳市为调查区域，以主城区所有居委会的常住人口（含本地户籍人口及外来人口）为总体，采用与常住人口规模成比例的抽样方法抽取了 44 个社区居委会，又从每个社区抽取约 25 户家庭进行入户访问，抽样方法科学严谨、数据质量控制严格。最终有效样本为来自 1071 个家庭的 3289 位居民。调查内容涵盖与民生领域相关的所有议题，并专门设计了养老服务与健康模块，为全面把握居民养老服务需求提供了基础数据支撑。

四是开展社区层面基本公共服务调查。同样以省会城市贵阳市为调查区域，以主城区所有居委会的常住人口为总体，采用与常住人口规模成比例的抽样方法抽取了 44 个社区居委会，设计专门的社区基本公共服务调查表，采集了公共服务设施、日间照料中心、养老服务机构等基础数据，准确把握社区养老服务供给状况，并与家庭住户抽样调查数据匹配，以更好地开展供需匹配研究。

五是开展典型案例调研，构建贵州省养老服务典型案例资料库。实地调研遵义金狮山社区"时间银行"、贵阳太阳谷安养中心、黔西南州五福社区易地搬迁养老服务等典型模式，通过总结各类举措，为实施积极应对老龄化战略提供经验启示。

六是构建贵州省养老服务政策数据库。系统梳理了党的十八大以来贵州省出台的有关养老服务的发展规划、制度建设与政策文件等，对于全面把握贵州省养老服务政策环境具有指导意义。

四 研究发现：构建高质量养老服务体系

"未富先老"是欠发达地区经济发展最大的约束条件，人口与经济快速转型成为贵州养老服务发展的最重要"基础环境"与"硬约束"，同时面临提供"人口"但"红利"由经济发达地区享受的尴尬境况。区域内部不平衡在经济发展与养老服务发展方面同样突出，省会城市贵阳发展较快，其他市（州）面临较大的资源约束障碍。贵州省的养老服务机构发展速度较快，机构数量呈逐年上升趋势，但存在发展不足、质量不高等问题，养老服务供给不足是养老服务体系建设的关键短板。养老服务供需矛盾突出是养老服务体系的关键"堵点"，尤其居家社区养老服务供给能力不足、供给水平不高、供给效率低、供给协同少、供需匹配性弱等问题突出，难以满足日益增长的养老需求，同时存在可持续性方面的严峻挑战。养老服务领域的公共属性（政府职能）与产业属性（市场职能）界定不清是深层次体制机制问题。这些问题是全国性的普遍问题，也是公共服务领域长期存在的体制机制难题，贵州省养老服务体系创新发展也必然要面临如何破解这一障碍的难题，一些有益的探索实践和典型模式或许可以提供经验启示。

积极应对人口老龄化本质上要求在发展中寻求破解之道，需要明确政府、市场、社区和家庭的角色与功能，补齐公益性、基础性服务业供给短板，支持养老服务业发展。关键举措包括：一是依托社区开展居家养老服务，构建居家社区机构相协调、医养康养相结合的养老服务体系。二是鼓励多种养老服务模式创新发展，支持"公建民营"的模式，积极探索"机构+社区+居家"的养老服务模式，支持养老服务与小城镇建设、特色产业融合发展。三是支持养老机构市场化运营，厘清政府与市场的职能范围，公办养老机构属于政府养老事业范畴，民营养老机构纳入养老产业发展范畴，养老事业与养老产业之间相互补充、避免相互挤压。四是鼓励大数据、智能技术在养老服务中应用，支持"时间银行"互助养老服务模式。五是推进医疗卫生资源下沉，健全治疗—康复—长期护理服务链。六是鼓励差异化养老服务及产品创新，满足老年人多层次的养老服务需求，推动养老事业和产业协调发展。七是加强养老服务专业人才培养，发挥市场机构培养专业人才的作用。八是加快补齐养老服务"短板"，关注特殊困难群体的养老问题。九是全面实施长期照护保险制度，做好老龄化高峰阶段的养老资源储备。十是积极开发老年人力资源，为养老服务体系释放压力。

第 二 章

贵州人口结构变化与老龄化特征

贵州地处云贵高原，属于典型多民族地区，经济发展水平相对滞后，人口结构变化既呈现经济发展一般性规律，也具有自身特征。本章主要使用人口普查数据和经济社会统计数据描绘贵州人口发展特征。

一 人口总量与增长

2010—2022 年，中国的人口情况发生了巨大的变化，中国人口自然增长率由 2021 年的 0.34‰转为 2022 年的 -0.6‰，中国已经正式进入"人口负增长时代"。近两次全国人口普查数据显示，贵州省 2010 年人口总量为 3474 万人，2020 年人口总量为 3856 万人，增长 10.1%左右，年均增长率为 1.05%。同期相比，10 年间全国人口增长 7206 万人，增长 5.38%，年增长率为 0.53%，高于全国平均增长率。

贵州人口增长率高于全国平均水平，但地区间不平衡。分地区来看，贵阳市 10 年间人口增长率最高（38.5%），其他地区增长率基本在 8%左右（见图 2-1）。贵阳市的人口增长率显著高于其他地区，不仅有生育率的影响，也反映了贵州"强省会"政策的人口吸纳能力。对比东中西部不同省份来看，贵州与甘肃、江西人口总量相近，人口增长率相对较快，2010—2020 年贵州人口年均增长率为 1.05%，快于江西省（-0.22%）和甘肃省（0.14%），也高于全国平均水平（0.53%），但仍低于经济大省广东（2.0%）。

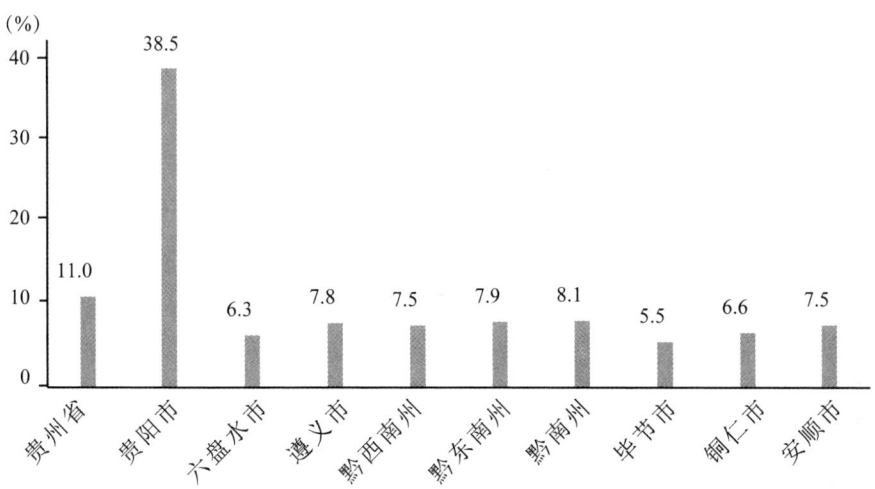

图 2-1 贵州省各地区人口增长率（2010—2020 年）

资料来源：第六次与第七次贵州省人口普查。

二 人口结构

人口自然结构是按照人口的自然标志将人口划分为各个组成部分而形成的人口结构。主要包括人口的性别结构和年龄结构。人口的性别结构是最基本的人口结构之一，它对人口再生产的速度、婚姻家庭状况都有直接的影响。

贵州人口性别比由正常偏高趋向均衡，出生性别比失衡严重。近两次全国人口普查数据显示，2010 年，贵州省常住人口中男性人口为 1791 万人，占常住人口总量的 51.53%，性别比（男性：女性）为 106.3，高于全国总体水平（104.9）。2020 年男性人口为 1971 万人，占常住人口总量的 51.1%，性别比下降到 104.5（见图 2-2），属于正常范围，相比 2010 年趋于均衡，与全国总体水平相当。

贵州是劳动力净流出省份，劳动年龄人口比重相对偏低。近两次全国人口普查数据显示，2010年贵州省15—64岁人口占总人口比重为66.03%，2020年下降到64.48%。对比全国和其他省份，贵州省劳动年龄人口占比低于江西（66.16%）、四川（66.97%）和广东（76.33%），也低于全国平均水平（68.50%）。可以说，贵州省的"人口红利"主要受益者是经济发达地区，自身如何享受其"人口红利"是实现经济赶超过程中需要考虑的重要议题。

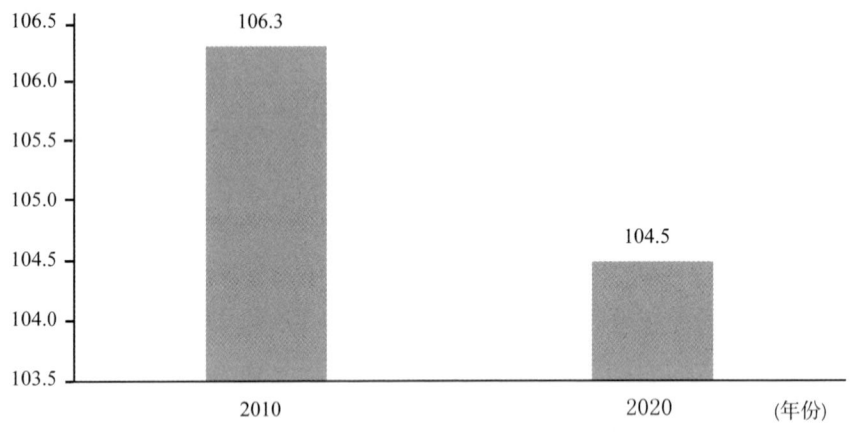

图2-2　贵州省人口性别比变化

资料来源：第六次与第七次贵州省人口普查。

贵州省内部不同地区的人口性别比差异明显。六盘水市、毕节市和黔东南州的性别比明显高于贵州省水平，分别高出3.75、1.24、2.02，这种情况一直持续到2020年，虽然不平衡的情况已经大幅改善，但地区之间还存在较大差别，最高的黔东南州要高于最低的遵义市4.26（见图2-3）。

出生人口性别比即每百名女婴出生所对应的男婴数量，这是人口性别的结构的另一个指标。联合国将出生人口性别比的正常范围设置在103—107。2020年贵州省各地区的人口出生性别比也存在较大差异，最高的地

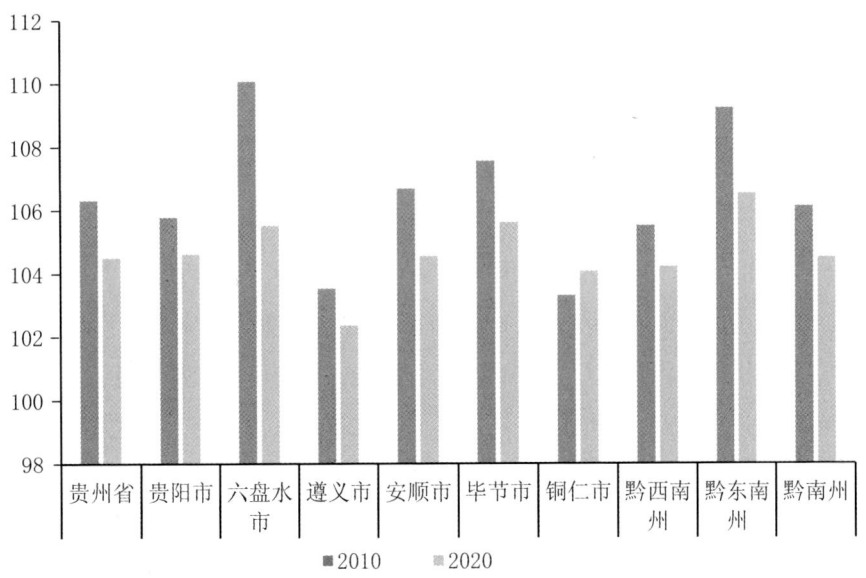

图 2-3 贵州省各地区人口性别比

资料来源:第六次与第七次贵州省人口普查。

区黔南州已经高出正常范围约 10 个百分点(见表 2-1)。

表 2-1　　　　　2020 年贵州省各地区人口出生性别比

地区	出生人口性别比
贵阳市	113.59
六盘水市	109.21
遵义市	117.86
安顺市	115.05
毕节市	109.68
铜仁市	113.05
黔西南州	114.93
黔东南州	113.27
黔南州	118.75

资料来源:第七次贵州省人口普查。

三 民族构成

贵州省是一个多民族共同杂居的省份,有17个世居少数民族,3个民族自治州11个民族自治县。根据第七次全国人口普查数据,中国56个民族在贵州省均有分布。2010年少数民族人口占贵州省总人口比重为35.7%,2020年为36.4%,反映出贵州民族构成更加多元化,少数民族占比不断上升。具体来看,贵州省第七次人口普查中除汉族以外占比最高的民族分别为苗族、布依族、土家族、侗族和彝族,占总人口比重分别为11.69%、7.03%、4.40%、4.28%和2.49%。

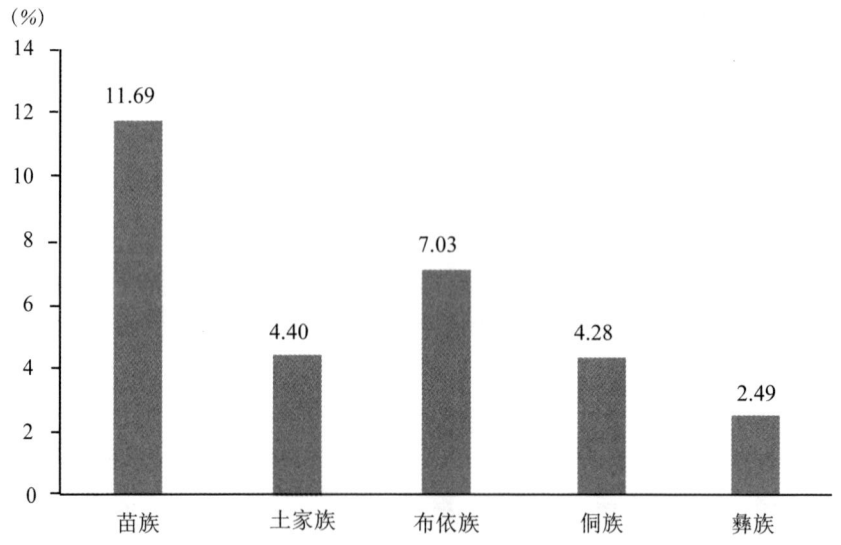

图2-4 贵州省主要少数民族占总人口比重(2020年)

资料来源:第七次贵州省人口普查。

四 人力资本构成

教育的发展对一个国家或地区人口文化素质的提高具有重要作用,同生产力发展水平和人口发展具有密切联系。文盲率（文盲人口占15岁及以上人口比重）、平均受教育年限和学历构成等指标能够较好地反映人力资本水平。贵州人口总体受教育水平偏低。2010年，贵州省文盲率为11.4%，2020年下降到8.8%，10年间降低了2.6个百分点（见图2-5）。其中，六盘水市、遵义市、安顺市和黔南州的文盲率都有较大程度的降低，毕节市和黔西南州改善幅度不大。从平均受教育年限来看，除省会城市贵阳市高于全国平均受教育年限以外，其他各地区均低于全国平均水平（见表2-2）。2020年，贵州省未上过学的男性比例为3.4%，女性为12.8%，女性比例将近是男性的3倍（见图2-6）。但是，女性中大学本科及以上学历人群的比例已经反超男性的比例，形成了反差。基础教育与高等教育发展在性别差异上表现出不同特征。贵州人口的人力资本水平既是经济发展滞后的结果，也是影响经济赶超的重要制约因素。

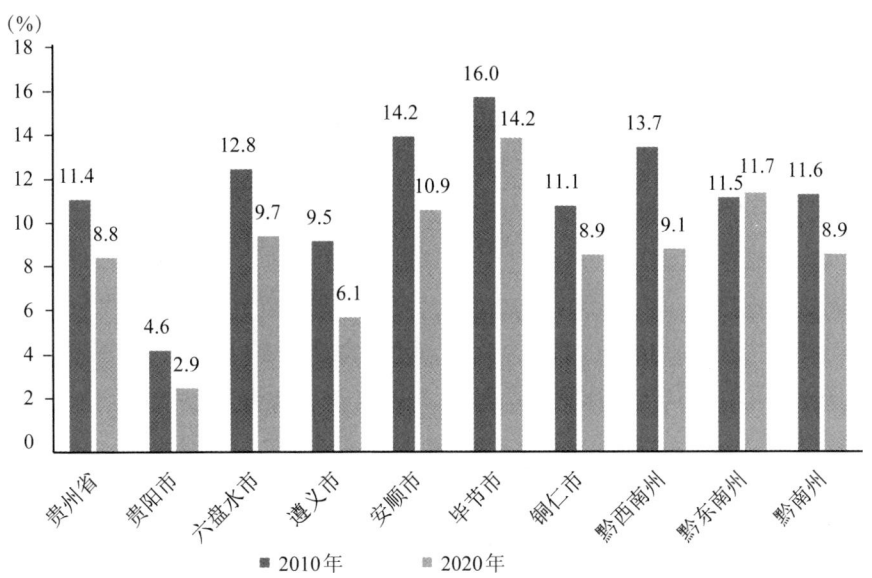

图2-5　贵州省各地区文盲率

资料来源：第六次与第七次贵州省人口普查。

表2-2　　　　贵州省及各地区平均受教育年限　　　　　　单位：年

地区	2010年	2020年
全国	9.08	9.91
贵州省	7.65	8.37
贵阳市	9.61	10.28
六盘水市	7.34	8.04
遵义市	7.82	8.46
安顺市	7.28	7.94
毕节市	6.71	7.43
铜仁市	7.56	8.29
黔西南州	7.11	8.04
黔东南州	7.41	7.92
黔南州	7.46	8.20

资料来源：第六次与第七次贵州省人口普查。

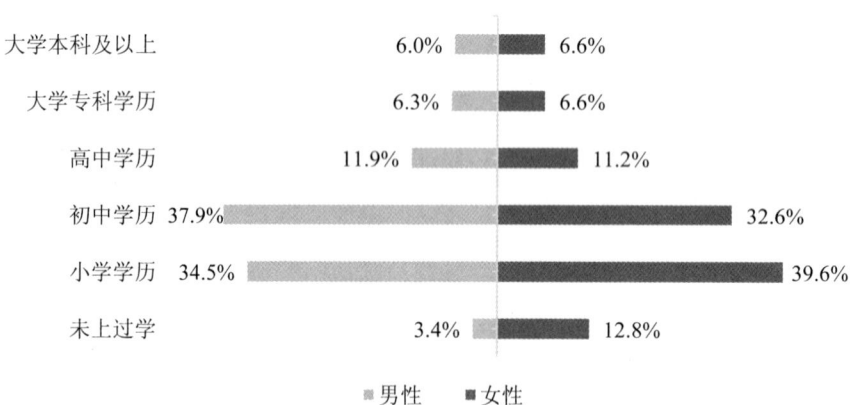

图2-6　2020年贵州省分性别的学历构成

资料来源：第七次贵州省人口普查。

五　就业与职业分布

职业是现代社会中社会分层的主要载体，人们的阶层地位流动主要是在职业结构这一框架内进行的。人口职业结构既是社会发展和经济发展的结果，同时也是社会及其经济发展程度的一个重要标志，社会结构的发展和经济结构的变迁可以通过人口职业结构的变迁表现出来。贵州省劳动力的职业结构以第一和第二产业为主，呈现出地区不平衡调整。2020年，除贵阳市以外，就业人员基本都集中在农、林、牧、渔、水利业生产人员和生产、运输设备操作人员及有关人员（见表2-3）。

贵州省就业结构发生重要变化，从农业部门就业为主快速向服务业为主导。2010年贵州省三次产业占比分别为68.9%、11.3%和19.9%，2020年贵州省的三次产业结构已经发生明显改变，第三产业就业人口占比达到46.0%（见图2-7），跃居三次产业中的第一位，已经逐步转型为服务业为主导的现代经济结构。贵州省第一和第二产业就业占比高于全国水平，第三产业的占比低于全国水平。

表2-3　　　　　　　贵州省就业人员的职业结构　　　　　　单位:%

地区	国家机关、党群、企业、事业单位负责人	专业技术人员	办事人员和有关人员	商业、服务业人员	农、林、牧、渔、水利业生产人员	生产、运输设备操作人员及有关人员	不便分类的其他从业人员
贵州省	2.0	9.4	7.3	7.3	27.1	23.9	0.2
贵阳市	3.8	14.6	12.3	12.3	9.4	18.1	0.4
六盘水市	1.7	8.6	6.7	6.7	24.9	28.0	0.1
遵义市	1.7	8.7	6.7	6.7	27.8	23.7	0.2
安顺市	1.6	8.0	7.1	7.1	29.2	23.8	0.3
毕节市	1.3	7.3	4.9	4.9	39.7	22.8	0.0
铜仁市	1.4	9.3	6.8	6.8	26.1	29.4	0.6
黔西南州	1.8	8.7	5.8	5.8	33.9	23.8	0.2
黔东南州	1.6	8.6	7.2	7.2	27.7	26.5	0.1
黔南州	1.7	8.2	6.6	6.6	29.7	25.5	0.2

资料来源：第七次贵州省人口普查。

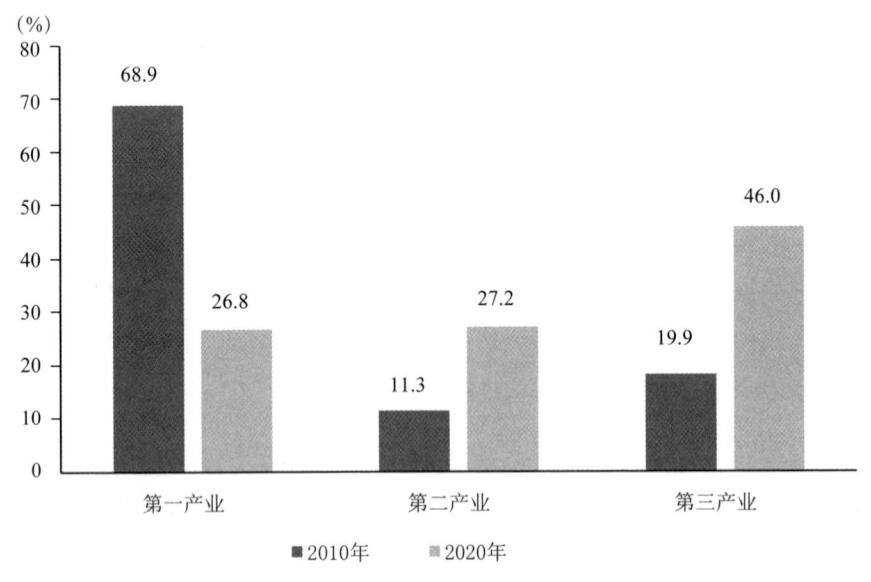

```
(%)
80
         68.9
70
60
50                                                          46.0
40
30        26.8            27.2
                                            19.9
20
                  11.3
10
 0
      第一产业           第二产业            第三产业
              ■2010年    ■2020年
```

图 2-7　贵州省三次产业的就业结构变化

资料来源：第六次与第七次贵州省人口普查。

六　生育水平

生育是人类重要行为，对经济社会发展会产生持续影响。中国生育率水平持续走低，贵州省也同样出现"少子化"趋势。根据 2010 年人口普查数据显示，2010 年贵州省总和生育率为 1.75，低于 2.1 的更替水平。值得关注的是，2020 年人口普查数据显示，贵州省总和生育率上升到 2.11，高于全国总和生育率（1.30）。除贵阳市以外，其他地区都处于生育更替水平上下且明显高于全国水平（见表 2-4）。少子化是指生育率下降，造成幼年人口不断减少的现象。分地区来看，除贵阳市仍属于严重少子化以外，遵义市和铜仁市属于少子化阶段，但均高于全国水平。其余各地区均处于正常范围，六盘水市和黔东南州甚至属于多子化（见表 2-5）。

表 2-4　　　　贵州省各地区生育水平主要指标（2020 年）

地区	总和生育率	平均活产子女数（人）	平均存活子女数（人）	育龄女性占总人口比重（%）
全国	1.30	1.33	—	23.00
贵州省	2.11	1.63	1.58	26.79
贵阳市	1.60	1.21	1.18	23.07
六盘水市	2.67	1.82	1.75	22.65
遵义市	2.04	1.58	1.53	22.17
安顺市	2.21	1.68	1.63	22.03
毕节市	2.35	2.01	1.94	22.56
铜仁市	1.99	1.60	1.54	22.60
黔西南州	2.20	1.70	1.65	21.07
黔东南州	2.54	1.71	1.66	22.46
黔南州	2.14	1.59	1.52	23.00

资料来源：第七次全国和贵州省人口普查。

表 2-5　　　　贵州省各地区少子化主要衡量指标（2020 年）

地区	0—14 岁儿童占比（%）	少子化类型
全国	18.00	严重少子化
贵州省	23.97	正常偏低
贵阳市	18.56	严重少子化
六盘水市	26.29	多子化
遵义市	22.32	少子化
安顺市	25.12	正常
毕节市	28.33	正常
铜仁市	23.81	少子化
黔西南州	25.73	正常
黔东南州	24.52	多子化
黔南州	22.94	正常

资料来源：第七次全国和贵州省人口普查。

七 老龄化水平

当前贵州省已经进入中度老龄化社会并向重度老龄化社会过渡，人口老龄化的主要特点是老年人口规模大、老龄化进程快、城乡差异明显和老年人口质量不断提高。积极应对人口老龄化需要客观地认识贵州省人口老龄化发展现状与态势，认识到贵州的老龄化进程在全国所处的位置。贵州省老龄化进程加快，并将进入深度老龄化阶段。2010年和2020年，0—14岁人口比重和15—64岁人口比重分别下降1.29个和1.55个百分点，65岁及以上人口占比已经超过10%（见表2-6）。2010年贵州省老年系数（65岁及以上人口占总人口比例）即老少比为34.48%，已经属于标准的老年型人口结构。2020年老少比为48.23%，高出国际标准18个百分点，已经进入重度老龄化社会。

表2-6　　　　2010年及2020年贵州省人口年龄结构　　　　单位:%

指标	2010年	2020年
0—14岁人口	25.26	23.97
15—64岁人口	66.03	64.48
65岁及以上人口	8.71	11.56

资料来源：第六次与第七次贵州省人口普查。

人口年龄结构收缩化，老龄化、高龄化、空巢化明显。人口年龄结构图（人口金字塔）是对人口性别年龄结构形象的刻画。人口年龄从低到高，自下而上。横轴左右分别表示男性和女性。可以看到图2-8中，底部、中部、上部三部分都有较为明显的凹陷，符合人口年龄队列变化的趋势。相比于2010年，2020年1—4岁儿童的比例有所上升，但是30—44岁的青壮劳动力人口占比明显下降，出现明显的凹陷。2010年中占比最多的10—14岁人口对应到2020年的20—24岁人口中并没有显示出相应的比重，说明贵州省青壮劳动力外流的情况仍然严重,而这些流失的劳动力大多去往广东省等地区,撑起了广东省合理的人口年龄结构。在顶部,65岁及以上老年人口的占比明显增加,反映出贵州省人口的平均预期寿命在延长。对比全国水平和其他省份,贵州省65岁及以上老人占总人口的比重低于全国水平,与江西省基本持平,明显高于广东省水平(见表2-7)。

表2-7　　贵州省与相关省份的人口结构比较(2020年)　　单位:%

年龄	贵州	江西	四川	广东	全国
0—14岁	23.97	21.96	16.1	16.87	17.97
15—64岁	64.48	66.16	66.97	76.33	68.5
≥65岁	11.56	11.89	16.93	6.79	13.52

资料来源:第七次全国和贵州省人口普查。

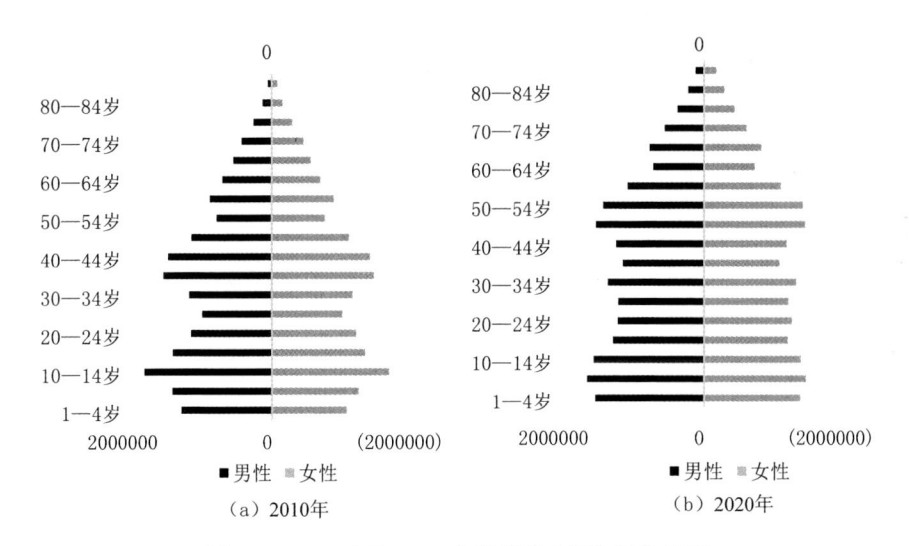

图2-8　2010年和2020年贵州省人口年龄结构图

资料来源:第六次与第七次贵州省人口普查。

贵州省地区老龄化差异明显。2020年铜仁市65岁及以上人口占比为13.85%,高出全国水平0.32个百分点(见表2-8),高出贵州省水平

2.29个百分点，高于最低的贵阳市4.38个百分点。贵阳市0—14岁人口占比是全省最低的，但15—64岁（劳动力年龄）人口的占比却是贵州省内最高的，贵阳市是贵州省人口流动的主要迁入地，流动人口对于改善贵阳市的人口年龄结构起了很大的作用，也展现出经济中心城市对人口的吸纳能力。分城乡来看，贵州省城乡老龄化差距极大。2020年，65岁及以上人口占比呈现乡村>镇>城市的规律，并且乡村老龄化程度远远高于城市（见表2-9）。2020年，遵义市、毕节市、铜仁市和黔东南州老年抚养比都超过20%（见表2-10）。尤其，遵义市和铜仁市同时具有较高的老年系数和较低的少儿抚养比，这两个地区劳动力年龄人口的缺乏，会对地区发展产生不利的影响。

表2-8　　　　贵州省各地区人口年龄结构（2020年）　　　　单位:%

地区	0—14岁	15—59岁	60岁及以上	65岁及以上
全省	23.97	60.65	15.38	11.56
贵阳市	18.56	68.14	13.30	9.47
六盘水市	26.29	60.18	13.52	9.90
遵义市	22.23	60.63	17.05	13.42
安顺市	25.12	58.97	15.90	11.61
毕节市	28.33	57.84	13.84	10.31
铜仁市	23.81	58.64	17.56	13.85
黔西南州	25.73	59.56	14.71	10.51
黔东南州	24.52	58.38	17.09	13.10
黔南州	22.94	60.30	16.76	12.56

资料来源：第七次贵州省人口普查。

表2-9　　　　贵州省城乡人口年龄结构（2020年）　　　　单位:%

年龄	城市	镇	乡村
0—14岁	20.04	25.46	25.31
15—64岁	71.67	65.46	59.88
65岁及以上	8.29	9.08	14.81

资料来源：第七次贵州省人口普查。

表2-10　　贵州省各地区老龄化程度主要衡量指标（2020年）　　单位:%

地区	老年系数	少儿抚养比	老年抚养比	总抚养比
贵州省	11.56	37.20	17.90	55.10
贵阳市	9.47	25.80	13.20	38.90
六盘水市	9.90	41.20	15.50	56.70
遵义市	13.42	34.70	20.90	55.60
安顺市	11.61	39.70	18.40	58.10
毕节市	13.10	46.20	21.30	67.50
铜仁市	13.85	38.20	22.20	60.40
黔西南州	10.51	40.40	16.50	56.80
黔东南州	13.10	39.30	21.00	60.30
黔南州	12.56	35.60	19.50	55.00

资料来源：第七次贵州省人口普查。

贵州省同样呈现出"未富先老"特征。2020年，全国人均GDP为10909美元，贵州省为6705美元，当前中国的经济发展水平与世界总体水平相当，但人口老龄化程度明显更深，而贵州省人均GDP只有全国平均水平的60%左右，人口老龄化程度还要高出1.88个百分点，呈现出明显的未富先老、进程较快的特征。2010—2020年，中国GDP增长145.96%，人均GDP增长133.12%，同期贵州省增长295.56%，人均GDP增长258.66%，高于同期全国增长率。2020年贵州省GDP总量为1.78万亿元，在全国排名第20位，人均GDP为46267元，是全国人均GDP的64.44%（见表2-11）。贵州省经济发展处于追赶阶段，从绝对规模来看仍然较低，对比其他省份仍处于中下水平。将人均GDP和老龄化程度放在一个拟合图中进行分析，并对贵州省的位置进行了标记，可以看到，贵州省的位置处于拟合线的下方，说明仍然具有"未富先老"的特征（见图2-9）。

表 2-11　　　　　2010 年和 2020 年全国及贵州省经济指标

指标	GDP 总量（万亿元）		人均 GDP（元）		社会保障支出占 GDP 比重（%）	
	2010 年	2020 年	2010 年	2020 年	2010 年	2020 年
全国	41.21	101.36	30800	71800	2.28	3.21
贵州省	0.45	1.78	12900	46267	3.15	3.81

资料来源：第七次全国与贵州省人口普查、《中国统计年鉴》（相关年份）。

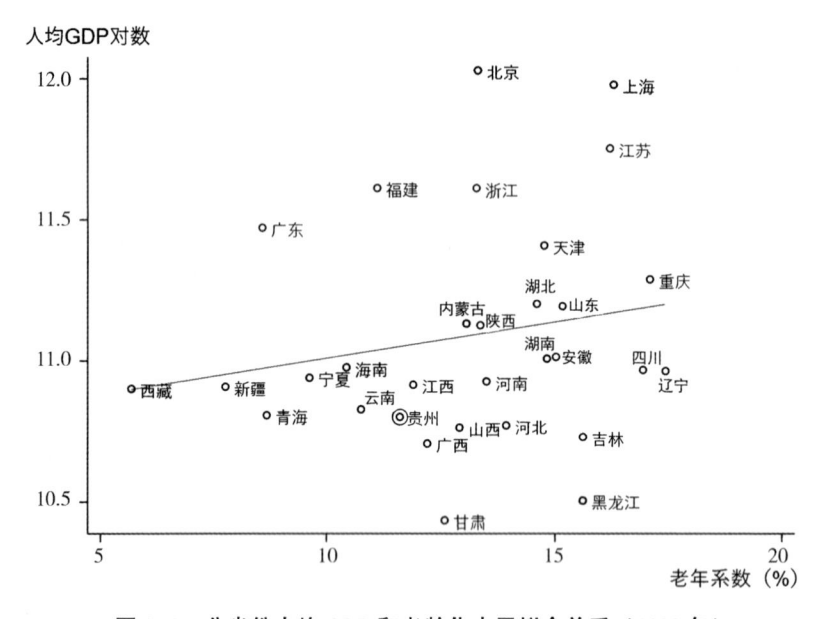

图 2-9　分省份人均 GDP 和老龄化水平拟合关系（2020 年）

注：n=31。

资料来源：第七次全国与贵州省人口普查、《中国统计年鉴》（相关年份）。

八　居民生活水平

2010 年和 2020 年贵州省人均可支配收入城乡差距分别为 3.98 和 3.10，有所改善但差距水平仍然较大。恩格尔系数代表了家庭食品支出消费占总消费支出的水平，2010—2020 年贵州省城乡恩格尔系数虽然仍存在较大差距，但已经属于小康阶段。从居民家庭医疗保健支出可以看出，农村居民的医疗负担明显大于城市居民，如果老龄化的进程进一步深化和加快，势必会对乡村居民产生更大的负担（见表2-12）。贵州省内部居民生活呈现区域和城乡分化明显。贵阳市是贵州省经济发展水平最高的地区，也是城乡发展相对最均衡的地区，贵州省区域和城乡发展不均衡的现象非常突出（见表2-13）。

表2-12　　　　　　　　贵州省居民生活水平主要衡量指标

年份	城镇人均可支配收入	农村人均可支配收入	城镇居民恩格尔系数	农村居民恩格尔系数	城市居民家庭医疗保健支出	农村居民家庭医疗保健支出
2010	16495	4145	40.2	47.4	5.1	7.1
2020	36096	11642	31.9	36.8	6.3	8.9

资料来源：贵州省统计局发布的《贵州统计年鉴》（相关年份）。

表2-13　　　　　　　　贵州省各地区居民人均可支配收入

地区	2020年			2010年		
	城镇居民人均可支配收入（元）	农村居民人均可支配收入（元）	城乡收入差距	城镇居民人均可支配收入（元）	农村居民人均可支配收入（元）	城乡收入差距
贵阳市	36096	11642	2.63	16495	4145	2.16
六盘水市	40305	18674	3.69	19420	7381	2.89
遵义市	34634	12004	3.34	16370	4437	2.53
安顺市	37190	14718	3.73	17425	5216	2.88
毕节市	33930	11768	4.07	16300	4367	3.05
铜仁市	34274	11238	3.46	17135	4210	3.04
黔西南州	33798	11100	4.36	13846	4002	3.07
黔东南州	35154	11441	4.16	17003	3900	3.11
黔南州	34520	11082	3.67	16410	3949	2.77

资料来源：贵州省统计局发布的《贵州统计年鉴》（相关年份）。

九　小结

贵州省处在经济赶超阶段，人口与经济结构加快转变。产业结构正在从传统经济结构向以服务业为主导的现代化经济结构转变。人口性别结构不断优化，人力资本水平持续提高，生育率水平明显改善。随着人口老龄化不断加重，城乡分化程度进一步加深，社会保障制度建设水平有待提高。贵州省的人口老龄化进程基本与其在国内的经济发展水平排名相符，但与发达国家相同阶段水平和发展中国家相比，"未富先老"的特征突出。这一人口发展基本形势，对于贵州省应对人口老龄化战略实施提出挑战，未来养老服务需求激增与经济发展仍处在赶超阶段将形成矛盾。

第三章

贵州养老服务资源供给与结构特征

养老服务体系建设是积极应对人口老龄化国家战略的重要组成部分。根据贵州省养老服务机构调查，可以全面地了解养老服务资源供给状况与分布特征。调查内容覆盖养老服务机构的服务项目、床位供应、老年入住率、从业人员分布、机构盈利情况等。

一 养老服务机构总体状况

根据贵州省民政厅公布数据显示，截至2021年年底，贵州省共有各类养老服务机构和设施11115家，其中全省共有登记注册的养老机构1002家，比上年增加14家，社区养老服务机构和设施10113家。2018年以来，贵州省连续五年将养老服务设施建设列入省政府民生实事，整合资金支持各地建设养老服务设施，全省共建有养老机构1368家，投入运营716家社区养老服务站、4167家农村幸福院。养老服务机构调查涵盖贵州省各市（州），遵义市投入运营的养老机构数量最多，占总数的20.76%，其次是毕节市和贵阳市，分别占18.27%和15.86%；而安顺市养老服务机构数量最少，为3.29%（见表3-1）。

表 3-1　　　　　　　　　　养老服务机构调查样本分布

地区	机构数量（家）	占比（%）
六盘水市	57	4.17
安顺市	45	3.29
毕节市	250	18.27
贵阳市	217	15.86
遵义市	284	20.76
铜仁市	186	13.60
黔东南州	144	10.53
黔南州	109	7.97
黔西南州	76	5.56
合计	1368	100

资料来源：课题组开展的贵州省养老服务机构问卷调查。

2022 年，国家发展和改革委员会、民政部和国家卫生健康委员会三部门在全国确定了 61 个积极应对人口老龄化重点联系城市，贵州省贵阳市和遵义市被列入名单。贵阳市和遵义市依托良好的生态环境和资源禀赋，大力推进养老服务业发展。其中，贵阳市聚焦"一圈两场三改"建设，① 着力打造"15 分钟养老服务圈"，加快构建居家社区机构相协调、医养康养相结合的养老服务体系，在多元化、多层次的养老服务模式上不懈创新探索，不断满足老年人日益增长的养老需求，提升老年人的获得感、幸福感和安全感。遵义市以打造"多层次广覆盖区域性居家养老服务新格局"的思路，探索出遵义市养老服务"园林七条"的经验，统筹推进社区养老、居家养老、机构养老建设，构建起多元化的养老服务体系，让辖区老年人能够安享晚年。贵阳市和遵义市充分发挥了省内养老服务建设的先锋模范作用。

---

① "一圈两场三改"："一圈"指围绕"教业文卫体、老幼食住行"打造 15 分钟生活圈；"两场"指建好停车场和农贸市场"两场"；"三改"指加快推进棚户区、老旧小区和背街小巷的改造。

贵州省养老服务机构有以下六种类型：日间照料中心、敬老院、养护院、老年公寓、嵌入式居家社区养老服务中心和其他。日间照料中心属于日托机构，敬老院、养护院、老年公寓三种服务机构为全托服务机构，而嵌入式居家社区养老服务中心是一种新型养老机构类型，是在居家养老、社区养老和机构养老服务模式基础上，以社区内闲置房屋和土地为载体，通过把机构嵌入到社区，实现养老资源整合，为居家老人提供专业化入户照护服务，为高龄自理、半自理及病后出院还需护养的老人提供短期住养服务，为活力老人提供机构开放活动区域，由政府支持，市场化运作的养老服务模式。嵌入式居家社区养老服务中心把养老机构的资源、功能和运营方式嵌入社区的养老模式，既为老人提供社区日托和全托服务，又为居家老人提供专业化入户照护及康复护理服务，能够较好地满足老人居家养老服务需求。

贵州省养老服务机构中，敬老院和日间照料中心在贵州省养老服务设施中占比最高，分别占57.68%和25.00%，其他几类设施相对较少，嵌入式居家社区养老服务中心作为一种新型养老机构，占比最小，为1.97%，但其未来发展前景广阔（见图3-1）。敬老院是由政府出资、多建立在县区及农村地区集中供养农村"五保"老人的场所。农村人口仍然占相当大的比重，加之经济发展相对滞后，青壮年人口持续流失，农村老人养老问题严峻，2015年贵州省提出要加快农村养老服务设施建设，加强农村敬老院基础设施建设并提高服务水平，在满足农村"五保"对象集中供养需求的同时，向有需求的农村留守老人开放，对经济困难的失能、半失能农村留守老人提供低收费照料服务。日间照料中心实质上是为老年人提供日托服务，包括生活照料、家政服务、康复护理及精神慰藉等综合服务。因老年人不愿离开长期生活的家庭、社区，而其子女工作繁忙，无暇顾及家里老人的生活起居，故白天将老人送到日间照料中心，由日间照料中心的工作人员照料老年人的日常生活，晚上再将老人接回家，这种符合实际需求的养老模式成为很多家庭的选择。

表3-2 分地区的养老服务机构类型分布

地区	日间照料中心		敬老院		养护院		老年公寓		嵌入式居家社区养老服务中心		其他		合计
	频数（家）	占比（%）	频数（家）	占比（%）	频数（家）	占比（%）	频数（家）	占比（%）	频数（家）	占比（%）	频数（家）	占比（%）	
六盘水市	9	15.79	37	64.91	3	5.26	0	0	0	0	8	14.04	57
安顺市	6	13.33	32	71.11	4	8.89	1	2.22	0	0	2	4.44	45
毕节市	47	18.80	164	65.60	2	0.80	2	0.80	16	6.40	19	7.60	250
贵阳市	82	37.79	42	19.35	11	5.07	44	20.28	10	4.61	28	12.90	217
遵义市	58	20.42	178	62.68	4	1.41	2	0.70	1	0.35	41	14.44	284
铜仁市	42	22.58	141	75.81	3	1.61	0	0	0	0	0	0	186
黔东南州	38	26.39	92	63.89	5	3.47	1	0.69	0	0	8	5.56	144
黔南州	27	24.77	65	59.63	9	8.26	5	4.59	0	0	3	2.75	109
黔西南州	33	43.42	38	50.00	3	3.95	0	0	0	0	2	2.63	76
合计	342	—	789	—	44	—	55	—	27	—	111	—	1368

资料来源：课题组开展的贵州省养老服务机构问卷调查。

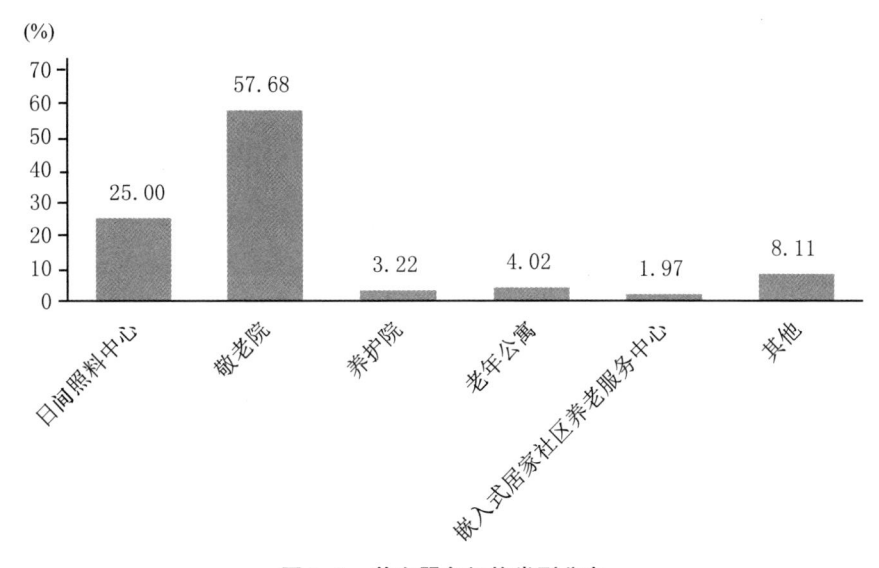

图 3-1　养老服务机构类型分布

资料来源：课题组开展的贵州省养老服务机构问卷调查。

六盘水市、铜仁市、黔西南州没有建设老年公寓和嵌入式居家社区养老服务中心，安顺市、遵义市、黔东南州和黔南州对这两种机构类型的设立也屈指可数。值得注意的是，遵义市、毕节市和铜仁市已建成的敬老院数量最多。老年公寓这一机构类型在贵阳市分布得最多，与其他市（州）数量差距较大。嵌入式居家社区养老服务中心只在毕节市、贵阳市和遵义市建有，这三个地级市在积极探索养老服务发展新模式。

二　养老服务机构的服务范围

养老机构的服务范围划分为五种：日托、全托、膳食服务、康复护理和休闲娱乐。超过一半的养老服务机构都会提供给老年人全托和休闲娱乐服务，提供日托服务的机构占比最少，为23.17%（见表3-3）。以美国为代表的西方国家的养老，美国的社区养老根据入住时间的长短分为全托制和半托制。如果老人全天都在机构中度过，称为全托制；如果老人仅仅白天在机构中生活,晚上被子女接回家中,这样的情况称为半托制。不同于瑞典和美国,芬兰国家对于养老的研究,更偏重家政和保健服务方面;芬兰在全国各地建立了老年人的活动娱乐中心,可以增加老年人的生活乐趣,芬兰国家所实施的半托制和美国有些类似。同样,就中国而言,日托养老是一种机构和居家相结合的养老模式,兼顾专业照看和家庭温暖,白天在养老机构生活,晚上回家居住或者短暂居住养老院。老人既可以享受到专业的服务,增加与其他老年人交流的机会,家属也有更多可供自己支配的时间,该种服务一般为日间照料中心提供。全托服务仍是当前大多数养老服务机构的主要服务内容。

表 3-3　　　　　　　　　　养老服务机构的服务内容概况

服务范围	提供		不提供	
	频数（家）	占比（%）	频数（家）	占比（%）
日托	317	23.17	1051	76.83
全托	842	61.55	526	38.45
膳食服务	516	37.72	852	62.28
康复护理	468	34.21	900	65.79
休闲娱乐	805	58.85	563	41.15

资料来源:课题组开展的贵州省养老服务机构问卷调查。

观察五种服务内容如何在各机构类型中分布,日托服务主要由日间照料中心提供,与预期一致。敬老院、养护院和老年公寓按照养老设施分类,归属于全日照料设施,全托服务也主要是由这三类养老服务机构提供。嵌入式居家社区养老服务中心作为建在城市社区中,具备长期托养、短期托养、日间照料、长者食堂、康复护理、技能培训、文体娱乐等综合服务功能的养老设施,对于五种服务内容都会涉及,但更多的是提供休闲娱乐和膳食服务,这与其发展形态还不成熟有关(见表3-4)。

表 3-4　　　　　　　　分机构类型的养老服务内容分布

机构类型	服务内容									
	日托		全托		膳食服务		康复护理		休闲娱乐	
	频数(家)	占比(%)	频数(家)	占比(%)	频数(家)	占比(%)	频数(家)	占比(%)	频数(家)	占比(%)
日间照料中心	269	84.86	21	2.49	149	28.88	37	7.91	278	34.53
敬老院	33	10.41	676	80.29	270	52.33	338	72.22	381	47.33
养护院	1	0.32	41	4.87	18	3.49	26	5.56	17	2.11
老年公寓	1	0.32	53	6.29	33	6.40	37	7.91	29	3.60
嵌入式居家社区养老服务中心	5	1.58	5	0.59	10	1.94	6	1.28	21	2.61
其他	8	2.52	46	5.46	36	6.98	24	5.13	79	9.81
合计	317	100	842	100	516	100	468	100	805	100

资料来源：课题组开展的贵州省养老服务机构问卷调查。

按各市（州）划分，各市（州）养老机构的服务主要集中在全托服务和休闲娱乐服务，有所不同的是铜仁市更多的提供康复护理服务，黔南州和黔西南州则更多的提供膳食服务。聚焦于全托和日托服务，各市（州）普遍将更多的资源投入到全托服务上，全托型养老服务是传统的、为广大家庭所需的养老服务模式，随着社区养老和居家养老的发展，日托养老服务未来也将得到更广泛的覆盖（见表3-5）。

表 3-5　　　　　　　　分地区的养老服务内容分布

市（州）	服务内容									
	日托		全托		膳食服务		康复护理		休闲娱乐	
	频数(家)	占比(%)	频数(家)	占比(%)	频数(家)	占比(%)	频数(家)	占比(%)	频数(家)	占比(%)
六盘水市	14	4.42	43	5.11	30	5.81	28	5.98	54	6.71
安顺市	9	2.84	29	3.44	4	0.78	27	5.77	40	4.97

续表

市（州）	服务内容									
	日托		全托		膳食服务		康复护理		休闲娱乐	
	频数（家）	占比（%）	频数（家）	占比（%）	频数（家）	占比（%）	频数（家）	占比（%）	频数（家）	占比（%）
毕节市	24	7.57	126	14.96	50	9.69	42	8.97	143	17.76
贵阳市	72	22.71	120	14.25	99	19.19	98	20.94	123	15.28
遵义市	68	21.45	160	19.00	139	26.94	72	15.38	201	24.97
铜仁市	42	13.25	144	17.10	2	0.39	145	30.98	42	5.22
黔东南州	33	10.41	99	11.76	37	7.17	18	3.85	71	8.82
黔南州	24	7.57	81	9.62	89	17.25	32	6.84	68	8.45
黔西南州	31	9.78	40	4.75	66	12.79	6	1.28	63	7.83
合计	317	100	842	100	516	100	468	100	805	100

资料来源：课题组开展的贵州省养老服务机构问卷调查。

三　养老床位供给与分布

养老服务床位随着老龄化加快需求激增。近十年来，中国养老服务供给稳步增长，民政部公布数据显示，2012年养老服务床位为381万张，之后5年间以每年百万张的速度增加，到2017年增至714.2万张。从2018年开始增速略有下降，2020年突破800万张。养老机构床位数呈现增长的趋势，但受到人口老龄化加速的影响，60岁以上每千名老人拥有的养老床位仍然处于较低水平。2012年，中国每千名老年人拥有养老床位为21.48张，2015年升至30.31张，之后稳定在约30张的水平，2020年为31.1张。一些地区养老相关服务设施普查显示，床位使用率存在城乡差别、机构规模分布不均衡、运营模式差异等特点。

从贵州省养老床位的地域分布来看，贵阳市、遵义市、铜仁市养老机构床位设立得更多。调查分别对全托服务床位、日托服务床位和护理型床位数量进行了统计,各市(州)全托服务床位数量占比均大于日托服务床位占比,除黔西南州外,其他市(州)的全托服务床位占比均在80%以上。护理型床位是指为需要长期照护的失能、失智老年人提供的床位,随着老龄化程度的加剧,失能失智老人长期照护服务的庞大刚需,政府兜底保障职能的趋于完善,医养结合政策的不断完善,养老机构的护理型床位也逐渐得到扩充,贵阳市、黔东南州护理型床位占比高于其他市(州),分别为28.73%、27.45%。从绝对数量来看,在个别市(州),护理型床位数量多于日托服务床位数,如贵阳市、遵义市、黔南州和黔东南州,这也体现了医养结合的养老模式不断完善并取得积极进展(见表3-6)。

表3-6　　　　　　　　分地区的养老床位分布

市（州）	床位数						合计（张）
	全托服务床位		日托服务床位		其中：护理型床位		
	床位数（张）	占比（%）	床位数（张）	占比（%）	床位数（张）	占比（%）	
六盘水市	3338	80.45	811	19.55	322	9.65	4149
安顺市	2862	84.08	542	15.92	200	6.99	3404
毕节市	7748	89.49	910	10.51	516	6.66	8658
贵阳市	10186	88.75	1291	11.25	2926	28.73	11477
遵义市	16181	95.70	727	4.30	1946	12.03	16908
铜仁市	9143	91.29	872	8.71	350	3.83	10015
黔东南州	6225	94.79	342	5.21	1709	27.45	6567
黔南州	9703	95.88	417	4.12	1445	14.89	10120
黔西南州	1854	68.49	853	31.51	179	9.65	2707
合计	67240	—	6765	—	9593	—	74005

注：全托和日托服务床位占比指各床位数占该市(州)总床位数的比例；护理型床位占比指护理型床位占该市(州)全托服务床位数的比例。

资料来源：课题组开展的贵州省养老服务机构问卷调查。

全日照料设施中敬老院、养护院、老年公寓提供的床位数量最多,全托机构提供给老年人包括住宿在内的生活照料，对床位需求量更大，这三类机构的全托服务床位数占各自床位总数的比例分别为98.57%、88.32%、99.02%，只有少数为日托服务床位。日间照料中心是为老年人提供日间服务的养老设施，床位总数提供相对较少，且主要为日托服务床位，占78.13%左右（见表3-7）。

表3-7　　　　　　　　　分机构类型的养老床位分布

机构类型	床位数						合计（张）
	全托服务床位		日托服务床位		其中：护理型床位		
	床位数（张）	占比（%）	床位数（张）	占比（%）	床位数（张）	占比（%）	
日间照料中心	1283	21.87	4583	78.13	719	56.04	5866
敬老院	47509	98.57	690	1.43	2720	5.73	48199
养护院	7262	88.32	960	11.68	1735	23.89	8222
老年公寓	5076	99.02	50	0.98	1963	38.67	5126
嵌入式居家社区养老服务中心	87	30.85	195	69.15	73	83.91	282
其他	6023	95.45	287	4.55	2383	39.57	6310
合计	67240	—	6765	—	9593	—	74005

注：全托和日托服务床位占比指各床位数占该机构类型所提供床位数的比例；护理型床位占比指护理型床位占该机构类型全托服务床位数的比例。

资料来源：课题组开展的贵州省养老服务机构问卷调查。

四　养老服务从业人员状况

养老服务业的特性决定了养老机构发展过程中护理员具有至关重要的作用。本部分梳理了各市（州）平均每家养老机构从业人员和持证护理员的人员数量及占比，结果显示贵阳市、黔南州平均每家养老机构配备的从业服务人员最多，分别为7名和6名从业人员；其次是遵义市和六盘水市，每家机构配备5名从业人员（见表3-8）。中国养老护理人员队伍存在年龄与性别结构失衡、教育水平较低、专业技能较差以及流动率高等弊端，长期护理劳动力供给存在瓶颈。民政部公布数据显示，2016年年底全国养老机构从业人员33.88万人，而失能、部分失能老年人约4000万人，按照发达国家4.5∶1的护理人员与老年人平均配比，其供给缺口规模达到855万人。机构养老护理员不同于一般的医护人员，并未形成健全的职业晋升路径，加之入职后专业培训以及教育的缺乏致使养老护理人员的职业前景并不明朗，因此行业内离职率较高，从业人员工作的稳定性差，进一步影响了养老机构服务质量的保证。

对持证护理员数量单独考察，首先需要明确持证护理员具有更高的专业性，并且护理员的资格证考取与其受教育程度及年龄有密切关系。本次调查数据显示，养老服务机构中护理员资格证书持有率普遍不高，大多没有达到总从业人员的一半（见表3-8）。相对稳定和高素质的管理人员和护理员队伍在养老机构服务水平中发挥着关键作用，贵州省各市（州）还需进一步提高养老服务从业人员的专业化水平，开展专业知识和技能培训，保证人人都持证上岗，从而促进养老护理员这一职业的良性发展。

表3-8　　　　　　分地区的养老服务从业人员分布

市（州）	养老机构数量分布		从业人员分布	持证护理员分布
	机构数量（家）	占比（%）	平均从业人员数量（名）	其中：平均持证护理员数量（名）
六盘水市	57	4.17	4.6	2.0
安顺市	45	3.29	4.1	1.9
毕节市	250	18.27	3.8	1.3
贵阳市	217	15.86	11.9	3.7
遵义市	284	20.76	5.2	2.0
铜仁市	186	13.60	3.2	3.2
黔东南州	144	10.53	5.6	4.1

续表

市（州）	养老机构数量分布		从业人员分布	持证护理员分布
	机构数量（家）	占比（%）	平均从业人员数量（名）	其中：平均持证护理员数量（名）
黔南州	109	7.97	7.2	2.2
黔西南州	76	5.56	3.5	0
合计	1368	100	5.5	2.7

资料来源：课题组开展的贵州省养老服务机构问卷调查。

通过分机构类型观察从业人员和持证护理员的分布，可以发现各类型养老机构中养护院和老年公寓配备的从业人员数量最多，平均每家机构有12名从业人员，其他几种类型的养老机构从业人员数量仅为个位数（见表3-9）。全日照料中心的敬老院、养护院和老年公寓三类机构的持证护理员比例相对较高，全托机构为老年人提供24小时养老或护理，服务内容更加精细，服务范围也更广泛，对养老机构服务水平要求更高。

表3-9　　　　　分机构类型的养老服务从业人员分布

机构类型	养老机构数量分布		从业人员分布	持证护理员分布
	机构数量（家）	占比（%）	平均从业人员数量（名）	其中：平均持证护理员数量（名）
日间照料中心	342	25.00	3.4	1.2
敬老院	789	57.68	3.9	2.1
养护院	44	3.22	20.5	6.4
老年公寓	55	4.02	15.5	6.8
嵌入式居家社区养老服务中心	27	1.97	3.6	3.1
其他	111	8.11	11.7	5.1
合计	1368	100	5.5	2.7

资料来源：课题组开展的贵州省养老服务机构问卷调查。

五　小结

在养老服务机构的地区分布上，作为入选"积极应对人口老龄化重点联系城市"的贵阳市和遵义市，养老服务机构设立相对更多。养老服务机构被分为六类，敬老院和日间照料中心在贵州省更加普遍，作为新兴养老机构的嵌入式居家社区养老服务中心分布最少。从各类养老服务机构的地域分布看，遵义市、毕节市和铜仁市已建成的敬老院数量最多，老年公寓除贵阳市以外，在各市（州）的数量仅为个位数，毕节市、贵阳市和遵义市在积极探索养老服务发展新模式，建有嵌入式居家社区养老服务中心。

养老机构的服务范围划分为五种：日托、全托、膳食服务、康复护理和休闲娱乐，提供休闲娱乐和全托服务的机构数量最多，日托服务的机构数量较少。聚焦于全托和日托服务，各市（州）普遍将更多的资源投入全托服务。养老床位的供给一直是养老服务建设关注的热点，从地域分布来看，贵阳市、遵义市和铜仁市养老床位供给量较于其他市（州）更大，床位供给的地区差异性较为明显。敬老院、养护院、老年公寓提供的床位数量最多，日间照料中主要为老年人提供日间服务，因此床位提供相对较少。护理型床位需要进一步扩充以满足失能、失智老年人的养老需求。养老服务业的特性决定了养老机构发展过程中护理员具有至关重要的作用，贵阳市、黔南州平均每家养老机构配备的从业服务人员最多。养老机构中护理员资格证书持有率普遍不高，大多没有达到总从业人员的一半，特别是毕节市和黔西南州持证护理员占比仅为个位数，值得一提的是，铜仁市养老机构从业人员水平在全省内最高，持证护理员覆盖率达100%。作为全日照料设施的敬老院、养护院和老年公寓的持证护理员比例相对于其他机构较高。当前贵州省养老机构人才队伍总量不足，专业护理人员短缺。

养老服务供给是养老服务体系的关键支撑。贵州省可以充分利用独特的气候优势、区位优势、交通优势和坚实基础，探索建立具有贵州特色的养老服务体系。从供给层面可以有所作为：加强社区养老服务设施建设，发展居家社区养老服务，提供更加方便可及的多样化、多层次养老服务；按照资源整合、就近就便、功能配套、方便实用等要求，在全省城乡社区，新、改、扩建具有住养、精神慰藉、入户服务、文化活动等多种功能的社区服务站，满足城乡老年人居家养老服务需求；在养老服务队伍上，推进养老服务队伍专业化、养老服务培训规范化，分类别、分层次、有梯度地开展养老服务专业人才培训，全面提升养老行业管理服务水平；制定医养结合试点工作相关标准、规范，促进医疗卫生资源进入养老机构、社区和居民家庭；加大对护理型养老机构的支持力度，持续扩建护理型养老床位，全力满足失能失智老人的机构养老需求。

第四章

贵州养老服务机构运营效益与效率

随着中国经济社会的发展和人口老龄化程度加深,养老服务业开始迅猛发展,养老服务机构逐步成为解决老龄化困境中的中流砥柱。由于中国老龄化发展进程比较快,养老服务机构还未形成一个稳定经营模式,其运营效益和效率还有待加强。根据贵州省养老服务机构调查,我们从机构运营状况、入住率和空置率、照护人员与入住老年人之比以及建设投资、政策补贴与财政投入结构等方面观察养老服务机构运营效率。

一 养老服务机构的运营状况

(一)总体运营状况与地区差异

我们将养老服务机构的运营状况分为四类,分别是亏损、盈利、盈亏平衡和据实报销。除去缺失和异常数据,共计1149个样本。首先,从贵州省整体运营状况看,共有145家养老服务机构亏损,占比12.62%;51家养老服务机构盈利,占比4.44%;346家养老服务机构实现了盈亏平衡,占比30.11%;607家养老服务机属于构据实报销,占比52.83%(见表4-1)。

其次,通过比较分析不同市(州)养老服务机构的运营状况可以得出以下结论(见表4-1):一是贵阳市亏损机构占比最高,达到47.79%,比省平均水平高35.17%。同时,超过省平均水平的市(州)还有遵义市

(16.30%) 和黔南州 (16.19%)。而铜仁市和黔西南州则无亏损机构。

表 4-1　　　　　　　不同市（州）养老服务机构运营状况

市（州）	亏损		盈利		盈亏平衡		据实报销	
	频数（家）	占比（%）	频数（家）	占比（%）	频数（家）	占比（%）	频数（家）	占比（%）
六盘水市	3	5.36	0	0	1	1.79	52	93.00
安顺市	8	20.00	2	5.00	2	5.00	28	70.00
毕节市	1	0.53	8	4.28	40	21.39	138	73.80
贵阳市	65	47.79	9	6.62	35	25.94	27	19.85
遵义市	45	16.30	10	3.62	22	7.97	199	72.10
铜仁市	0	0	0	0	186	100	0	0
黔东南州	6	5.22	6	5.22	7	6.09	96	83.48
黔南州	17	16.19	14	13.33	39	37.14	35	33.33
黔西南州	0	0	2	4.17	14	29.17	32	66.67
贵州省	145	12.62	51	4.44	346	30.11	607	52.83

注：因四舍五入处理，占比相加可能不等于100%。下同。

资料来源：课题组开展的贵州省养老服务机构问卷调查。

二是黔南州的盈利状况最好，盈利机构占比高达13.33%，超过省平均水平8.89%。除六盘水市和铜仁市无盈利机构以外，其他市（州）盈利机构占比相当，都在5%左右。

三是铜仁市所有养老服务机构都实现了盈亏平衡，占比100%。由于铜仁市高占比，导致盈亏平衡机构占比超过省平均水平的，除铜仁市以外，只有黔南州（37.14%）。实现盈亏平衡机构数较少的有六盘水市（1.79%）、安顺市（5.00%）、黔东南州（6.09%）和遵义市（7.97%）。

四是据实报销机构占比越少的市（州），亏损和盈亏平衡机构占比相对越多。贵阳市据实报销机构占比19.85%，全省排名倒数第二；但亏损机构占比排名第一，高达47.79%，比省平均水平高35.17%。黔南州据实报销机构占比只有33.33%,全省排名倒数第三;而亏损机构占比排名第三,达16.19%。

五是各市(州)亏损机构占比和盈亏平衡机构占比大致相反。盈亏平衡机构占比高的市(州),亏损机构占比就低。

(二)不同类型机构的运营状况

通过比较不同机构类型养老服务机构运营状况可得出以下结论(见表4-2):一是敬老院亏损机构占比最少,只有1.92%。其他机构类型亏损机构占比最高,达38.39%。剩下四类养老服务亏损机构占比相当,都在19%—30%。

二是养护院的盈利状况最好,盈利机构占比高达22.58%。其次是老年公寓,占比11.43%。而盈利机构占比最低的是敬老院,只有2.51%。

三是嵌入式居家社区养老服务中心盈亏平衡机构占比最高,为76.19%。其次是老年公寓,占比为54.29%。其他不同类别的养老服务盈亏平衡机构占比相当,都在19%—35%。

表4-2　　　　　不同机构类型养老服务机构运营状况

机构类型	亏损		盈利		盈亏平衡		据实报销	
	频数(家)	占比(%)	频数(家)	占比(%)	频数(家)	占比(%)	频数(家)	占比(%)
日间照料中心	67	24.54	16	5.86	93	34.07	97	35.53
养护院	8	25.81	7	22.58	10	32.26	6	19.35
敬老院	13	1.92	17	2.51	184	27.18	463	68.39
老年公寓	10	28.57	4	11.43	19	54.29	2	5.71
嵌入式居家社区养老服务中心	4	19.05	1	4.76	16	76.19	0	0
其他	43	38.39	6	5.36	24	21.43	39	34.82

资料来源:课题组开展的贵州省养老服务机构问卷调查。

(三) 不同经营性质机构的运营状况

通过比较不同经营性质的养老服务机构可得出以下结论（见表4-3）：从纵向看，相比公办和公建民营，民营亏损和盈亏平衡养老机构占比最高，分别为43.84%、45.21%。公办的盈利机构占比最低，只有0.35%。从横向看，公办的养老服务机构大部分属于据实报销，占比63.99%。公建民营养老服务机构除盈利机构占比（18.89%）以外，各个部分占比相当，都在27%左右。

表4-3　　　　不同经营性质养老服务机构运营状况

经营性质	亏损		盈利		盈亏平衡		据实报销	
	频数（家）	占比（%）	频数（家）	占比（%）	频数（家）	占比（%）	频数（家）	占比（%）
公办	53	6.18	3	0.35	253	29.49	549	63.99
公建民营	60	27.65	41	18.89	59	27.19	57	26.27
民营	32	43.84	7	9.59	33	45.21	1	1.37

资料来源：课题组开展的贵州省养老服务机构问卷调查。

为了进一步了解不同经营性质养老服务机构，分不同机构类型对不同经营性质的养老服务机构运营状况进行比较分析，可得出以下结论（见表4-4）：一是无论是什么机构类型，带有公办性质的据实报销机构占比较高，亏损机构占比较少。二是无论是什么机构类型，由社会力量经营的公建民营和民营的盈利机构占比较高。经营效益问题已经成为民营资本进入养老服务领域的最重要障碍，实地调研幸福里养老集团也发现，即便具有现代化运营管理模式的养老服务项目，也面临较大的运营风险。

表 4-4 **不同机构类型不同经营性质养老服务机构运营状况** 单位:%

机构类型	经营性质	亏损	盈利	盈亏平衡	据实报销
日间照料中心	公办	13.29	1.27	39.24	46.20
	公建民营	33.68	13.68	28.42	24.21
	民营	70.00	5.00	20.00	5.00
	合计	24.54	5.86	34.07	35.53
养护院	公办	22.22	0	11.11	66.67
	公建民营	26.32	36.84	36.84	0
	民营	50.00	0	50.00	0
	合计	26.67	23.33	30.00	20.00
敬老院	公办	0.33	0	27.57	72.09
	公建民营	15.07	21.92	23.29	39.72
	民营	0	50.00	50.00	0
	合计	1.92	2.51	27.18	68.39
老年公寓	公办	0	0	0	100
	公建民营	50.00	0	37.50	12.50
	民营	23.08	15.38	61.54	0
	合计	28.57	11.43	54.29	5.71
嵌入式居家社区养老服务中心	公办	0	0	100	—
	公建民营	0	100	0	0
	民营	100	0	0	0
	合计	19.05	4.76	76.19	—
其他	公办	38.89	1.39	11.11	48.61
	公建民营	38.10	19.05	23.81	19.05
	民营	36.84	5.26	57.89	0
	合计	38.39	5.36	21.43	34.82

注:表中百分比为各部分养老机构数占比,横向相加等于100%。

资料来源:课题组开展的贵州省养老服务机构问卷调查。

典型案例

幸福里养老集团——现代化运营模式的经营难题

2019年，幸福里养老集团在西南地区昆明市投入第一个公建民营项目——官渡区养老综合服务示范中心，运营期限3年，每年政府补助98万元。幸福里养老集团将吉林、江苏的养老服务模式及经验带入云南，打开西南第一个综合养老服务示范点，后在2020年开始，快速打开云贵市场，目前在云南省昆明市运营管理3个公建民营项目，其中包含官渡区未成年人临时照护中心，达到一老一小服务、运营全覆盖，同时在贵州贵阳市、龙里县、都匀市、凯里市、铜仁市、清镇市均设有ccrc项目或养老服务中心，均以公建民营方式进行投入，根据和当地政府进行沟通，合同签订时给予1—3年的免租期，因养老服务项目1—3年属运营成长期，整体成本过高，需要政府进行扶持，扶持1—3年后每年给予政府低额租金，以保证项目可微利持续运营，同时提供5%—10%的托底床位作为当地困难人群、"五保"人群免费入住。通过公建民营的轻资产运营模式，减少企业现金投入，保证后期有质量地提供稳定服务。同时获得信任背书，使运营管理的项目更具信任力。

基于幸福里养老集团目前在吉林、江苏、浙江、贵州、云南连锁化发展，同时与当地进行校企合作，由专业学校培养医疗、护理、康复、养老服务型人才，每年4月全国项目统一上报实习生需求数量、需求专业，再由集团对接各学校沟通人数，每年消化各院校对口实习生80余人，实习生经历8个月的实习，根据实习能力及工作岗位需求，可留下40%的实习生作为正式员工，连锁化带来优势，综合养老服务中心护理部主任可到大型养老机构任楼层主管或照护组长一职，同时在大型养老机构任护理部主任人员可到综合养老服务中心任院长一职，职业通道清晰、对口培养业务突出型及管理突出型院长，同时为幸福里开拓其他项目进行人才储备，连锁化发展可以为人才培养提供更好的职业方向，养老产业人才是项目运营、稳定的基石。

幸福里养老集团从居家养老服务中心、社区养老服务中心、长照之家、养老综合体都采用标准化、流程化制度，通过不同项目种类，制定不同种类、不同标准化文件，其中包括护理标准化、膳食标准化、医疗标准化、康复标准化等，开业前期根据项目定位、功能分布、部门设定、岗位设定给予相应的标准化文件，统一类型的项目统一标准，在前期立项、筹开、运营时节省时间，实现标准化复制。

幸福里养老集团经过10年的探索和沉淀，在与各地政府沟通项目投资时，有非常夯实的测算基础，可以有效地对项目进行15—20年的经营分析、投资分析、回报分析，此套完善的经营测算模型，根据项目面积、租金、租赁年限、投资额度等快速地测算出运营平衡点的时间、入住人数。对项目投资有着强硬的支撑，对项目2年内的资金计划也有着明确的支持节点，财务成本也会大大降低。

消防对于养老机构的建设要求从13年、16年、18年变了多次，有的部分项目在建设前完全符合消防要求，但建设完毕后出新规，不符合要求就没有办法进行消防验收，导致项目无法取得养老民政备案，不能正常运营，全国共发行两次等级评定要求内容，国标标准都属于最低标准，但省标或市标为了提高标准，直接提高评定门槛，国标要求房门宽度需要≥80厘米，个别省份直接设定≥1.1米的最高标准，导致很多养老机构不能进行2星以上的评定。政策性文件更新迭代快，项目建设完成后不符合国标或省标，达不到标准。

江苏、浙江、深圳、上海在入职养老行业时，只要是符合专业学科、毕业年限、持证护理员证书的工作人员，入职前即可签订补贴协议，按入职年限给予相应的补贴，大大提高了养老机构吸收专业的服务人员、管理人员。中国老年人口越来越多，而从事养老行业的工作人员并未感受到职业荣誉感，比如在医院的护士，大家觉得这是人才，而在养老机构当中任职的护士，大家觉得这是浪费人才，年轻人从事养老护理员的工作也不愿意与其他人讲述职业身份,从事养老行业的一线工作人员更需要得到政府、社会的认可。人才培养与激励需政府引导,企业与政府共同培养养老行业人才。年轻人不愿意做照护师,上一代照护师年纪已达到退休年龄,5年后会出现严重的养老一线从业人员缺口。

资料来源:贵州国情调研基地课题组实地调研得到。

二 养老服务机构入住率与空置率

随着人口老龄化程度加深,贵州省养老服务供需矛盾加剧。在国家和地方政府相关政策的导向和约束下,各地加大了养老服务机构和养老床位的建设力度,养老床位数大幅度增加,老年人入住养老院难的问题有了一定程度的缓解,但是随之而来的是养老床位空置问题越来越突出。入住率是研究养老服务机构经营状况的重要指标之一。入住率一般是用入住老人数与床位数之比来衡量。除去缺失和异常值,有效样本数量为810。

(一)总体入住率与地区差异

从贵州省整体看,养老服务机构入住率低,床位空置较多。如图4-1所示,在全省范围内,养老服务机构的平均入住率为34.4%,换言之,养老床位的空置率为65.6%。也就是说,约2/3的养老床位处于空置状态。

从不同市(州)的养老服务机构看,养老床位入住率存在较大差别。总体来说,可以分为三个层次。最低层次为安顺市、黔东南州和六盘水市,在10%—22%。处于中间层次的有黔南州、黔西南州、遵义市、贵阳市、铜仁市,在30%—40%。处于最高层次的是毕节市,高达60.2%。毕节市的高入住率拉动了整个贵州省的养老服务机构入住率,导致超过省入住率平均水平的只有两个市(州)。除毕节市外,另一个就是铜仁市(36.4%)。

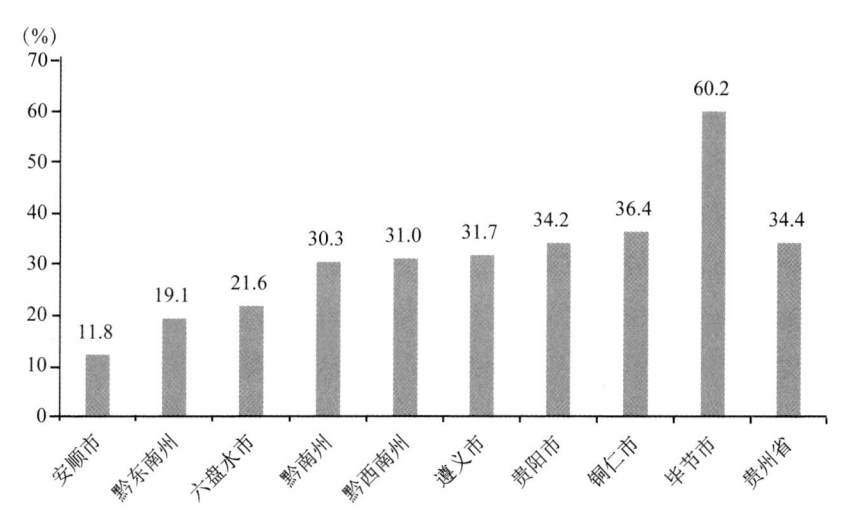

图 4-1　不同市（州）养老服务机构入住率

资料来源：课题组开展的贵州省养老服务机构问卷调查。

从不同市（州）入住老年人情况看，老年人绝大部分是以全托方式入住养老服务机构。各个市（州）除黔南州以外，全托老人占入住老人比重都在90%以上。在全托老人中，全省约有1/3是失能、半失能老人。各个市（州）失能、半失能老人占比各不相同。失能、半失能老人占比最高的是贵阳市，占比约为1/2。最少的是毕节市，仅有12.40%（见表4-5）。

表 4-5　不同市（州）入住老年人情况　　　　　　　　　　单位:%

市（州）	全托老人占入住老人比重	失能、半失能老人占全托老人比重
六盘水市	98.01	26.62
安顺市	94.44	34.99
毕节市	100	12.40
贵阳市	97.40	49.86
遵义市	94.77	28.78
黔东南州	96.89	39.22
黔南州	88.16	29.14
黔西南州	100	18.18
合计	96.49	30.10

资料来源：课题组开展的贵州省养老服务机构问卷调查。

(二) 不同类型机构的入住率

从养老服务机构的机构类型看,总的来说,各个机构类型的入住率分为三个层次。如图4-2所示,最低的是嵌入式居家社区养老服务中心和日间照料中心,入住率为16.7%。居中的是养护院(22.0%)和其他类养老服务机构(24.8%)。入住率最高的机构类型是敬老院(37.6%)和老年公寓(38.7%)。日间照料中心和嵌入式居家社区养老服务中心全托老人占入住老人比重相对较低,分别为54.68%、22.22%。这与这两个类型养老服务机构以社区为依托,以提供养老服务为主有关。

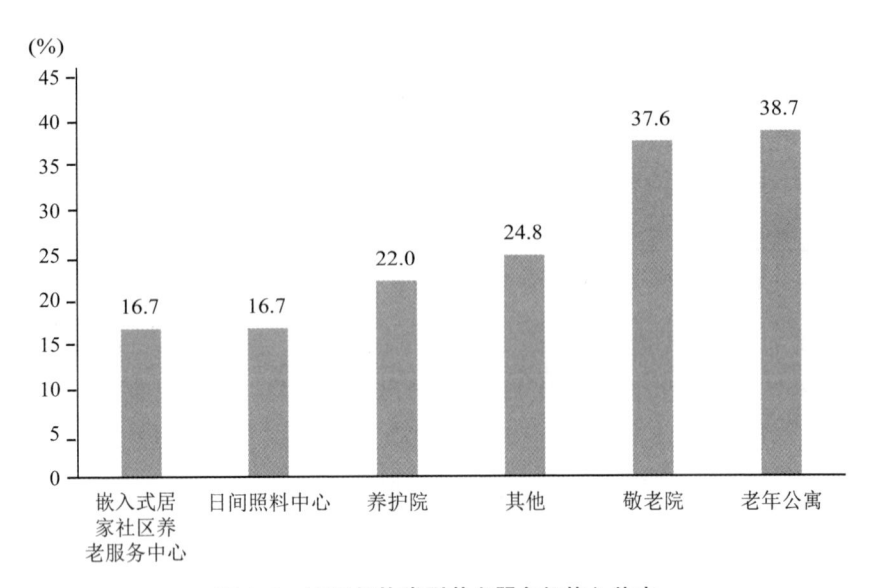

图4-2 不同机构类型养老服务机构入住率

资料来源:课题组开展的贵州省养老服务机构问卷调查。

值得关注的是,敬老院失能、半失能老人占全托老人比重最低,只有21.53%。说明政策性养老服务机构并未遍及失能、半失能老人这类需要特殊照顾的老年群体。最高的是嵌入式居家社区养老服务中心,达87.50%。虽然嵌入式居家社区养老服务中心全托老人占比不高,但其较高的失能、半失能老人占比说明该类型养老服务机构能够为这一特殊群体提供帮助，应当大力扶持（见表4-6）。

表4-6　　　　不同机构类型养老服务机构入住老人情况　　　　单位：%

机构类型	全托老人占入住老人比重	失能、半失能老人占全托老人比重
日间照料中心	54.68	60.88
养护院	96.67	46.16
敬老院	98.43	21.53
老年公寓	100	57.54
嵌入式居家社区养老服务中心	22.22	87.50
其他	97.65	51.37

资料来源：课题组开展的贵州省养老服务机构问卷调查。

（三）不同经营性质机构的入住率

三种不同经营性质养老服务机构的入住率相差不大（见图4-3）。由社会力量运营的民营养老服务机构入住率较高。不同经营性质养老服务机构全托老人占入住老人比重相差不大，失能、半失能老人占全托老人比重各不相同。公办的养老服务机构中失能、半失能老人占全托老人比重最低（18.44%）。民营的养老服务机构中失能、半失能老人所占比重最高（66.13%）（见表4-7）。

表4-7　　　　不同经营性质养老服务机构入住老人情况　　　　单位：%

经营性质	全托老人占入住老人比重	失能、半失能老人占全托老人比重
公办	99.03	18.44
公建民营	87.59	46.73
民营	96.30	66.13

资料来源：课题组开展的贵州省养老服务机构问卷调查。

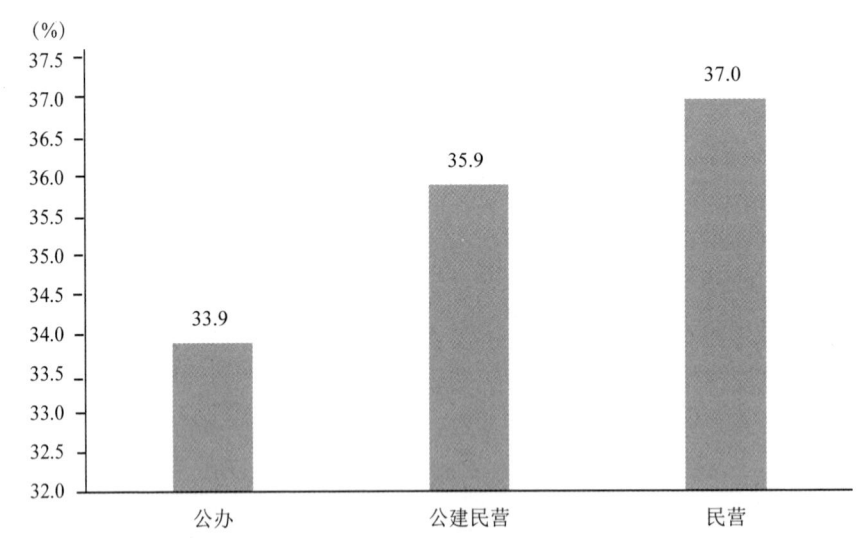

```
(%)
37.5
37.0                                                              37.0
36.5
36.0                              35.9
35.5
35.0
34.5
34.0      33.9
33.5
33.0
32.5
32.0
          公办                    公建民营                      民营
```

图 4-3　不同经营性质养老服务机构入住率

资料来源：课题组开展的贵州省养老服务机构问卷调查。

三　养老服务机构照护人员配置

随着贵州省高龄老年人和失能、半失能老年人的增加，这样的老龄化发展趋势必然会要求养老服务机构有大量专业的照护人员。养老服务需求与专业服务人员严重不足间的矛盾是目前贵州省亟待解决的问题。

（一）养老服务机构照护人员总体配置与地区差异

不同市（州）养老服务机构照护人员和老年人之比有所差别，大致分为两类（见图4-4）。一类是超过省平均水平，有安顺市（0.44）、六盘水市（0.39）、贵阳市（0.37）、黔东南州（0.35）、黔西南州（0.34），大致一个护工照顾2—3位老年人。另一类是低于省平均水平，有黔南州（0.26）、遵义市（0.23）、铜仁市（0.20）、毕节市（0.16），大致一个护工照顾4—6位老年人。

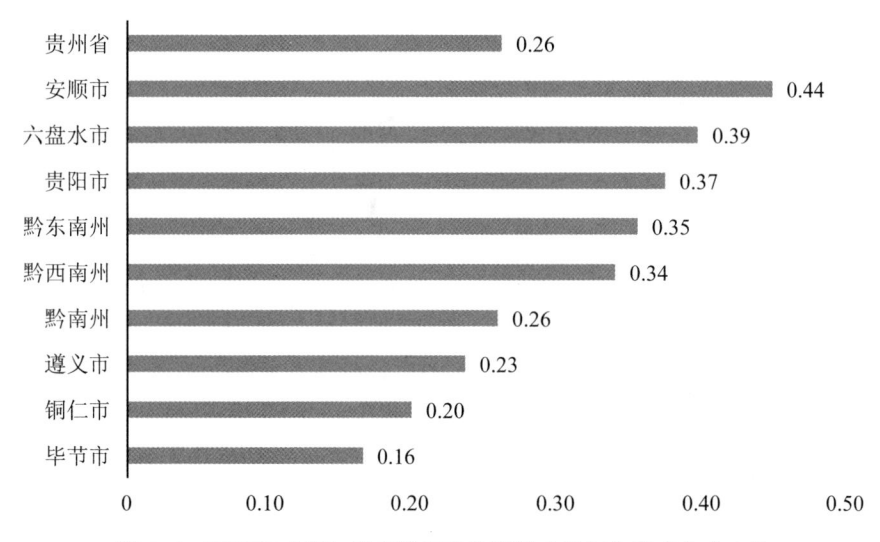

图 4-4 不同市（州）养老服务机构照护人员与入住老年人之比

资料来源：课题组开展的贵州省养老服务机构问卷调查。

（二）不同类型机构的照护人员配置

养护院和其他类别养老服务机构照护人员与入住老年人之比最高（见图 4-5）。大致达到一个护工照顾 2—3 位老年人。敬老院照护人员与入住老年人之比最低，大致是一个护工照顾 5 位老年人。

不同市（州）不同机构类型养老服务机构照护人员与入住老年人之比各不相同（见表 4-8）。比较突出的是贵阳市日间照料中心的照护人员与入住老年人之比高达 0.71%，平均一个护工照顾 1—2 位老年人。

表 4-8 不同市（州）不同机构类型养老服务机构照护人员与入住老年人之比

机构类型	照护人员与入住老年人之比								
	六盘水市	安顺市	毕节市	贵阳市	遵义市	铜仁市	黔东南州	黔南州	黔西南州
日间照料中心	0.05	0	0	0.71	0.38	0.07	0.61	0.30	0
养护院	0.40	0.40	0.57	0.63	0.70	0.48	0.60	0.26	0

续表

机构类型	照护人员与入住老年人之比								
	六盘水市	安顺市	毕节市	贵阳市	遵义市	铜仁市	黔东南州	黔南州	黔西南州
敬老院	0.28	0.45	0.16	0.37	0.20	0.19	0.32	0.26	0.33
老年公寓	0	0.25	0	0.35	0.65	0	0	0.14	0
嵌入式居家社区养老服务中心	0	0	0	0	0.28	0	0	0	0
其他	0.48	0.57	0	0.36	0.39	0	0.48	0.13	0.55

资料来源：课题组开展的贵州省养老服务机构问卷调查。

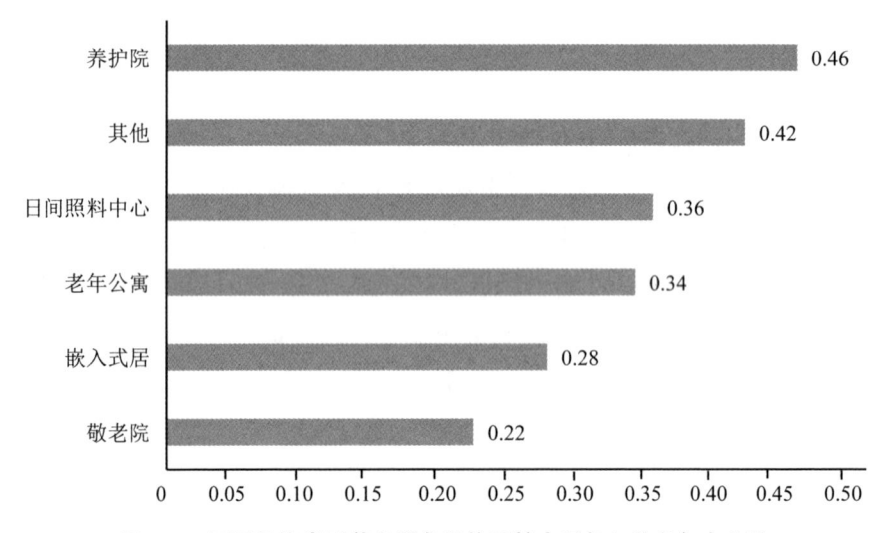

养护院 0.46
其他 0.42
日间照料中心 0.36
老年公寓 0.34
嵌入式居 0.28
敬老院 0.22

图 4-5 不同机构类型养老服务机构照护人员与入住老年人之比

资料来源：课题组开展的贵州省养老服务机构问卷调查。

(三) 不同经营性质机构的照护人员配置

从横向看，除无民营养老服务机构的市（州）以外，各市（州）民营的养老服务机构照护人员与入住老年人之比相差较小。其他不同机构类型各市（州）之间养老服务机构照护人员与入住老年人之比各有差别

（见图4-6）。

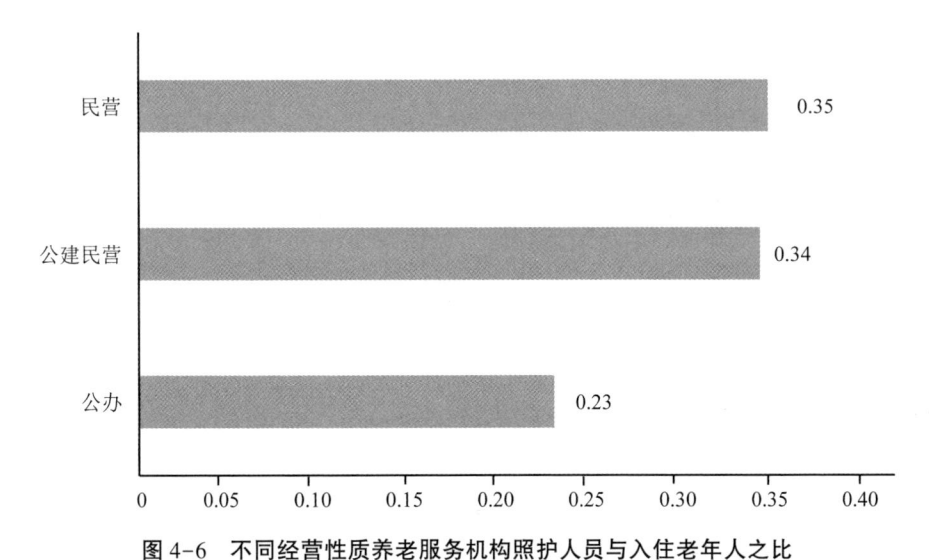

图4-6　不同经营性质养老服务机构照护人员与入住老年人之比

- 民营：0.35
- 公建民营：0.34
- 公办：0.23

资料来源：课题组开展的贵州省养老服务机构问卷调查。

从纵向看，毕节市、遵义市、铜仁市不同类型养老服务机构照护人员与入住老年人之比差别较大。六盘水市、安顺市、贵阳市、黔东南州、黔南州、黔西南州的不同类型养老服务机构照护人员与入住老年人之比差别相对较小。由于黔东南州带有公建民营性质的养老服务机构只有一所，不具有代表性，对该比予以忽略（见表4-9）。

表4-9　不同市（州）不同经营性质养老服务机构照护人员与入住老年人之比

经营性质	照护人员与入住老年人之比								
	六盘水市	安顺市	毕节市	贵阳市	遵义市	铜仁市	黔东南州	黔南州	黔西南州
公办	0.39	0.46	0.16	0.40	0.19	0.19	0.33	0.30	0.34
公建民营	0.41	0.43	0.41	0.44	0.41	0.41	0.36	0.23	0
民营	0.31	0.30	0	0.35	0.32	0	1.00	0	0.28

资料来源：课题组开展的贵州省养老服务机构问卷调查。

四 养老服务机构建设投资与融资状况

贵州省养老服务投入不断加大。2018年以来，贵州省连续五年将养老服务设施建设列入省政府民生实事，通过整合中央预算内投资、省级一般预算资金和各级福彩公益金、联合融资贷款资金支持各地建设养老服务设施。同时，积极争取外资，获得世界银行3.5亿美元、法国开发署1亿欧元联合融资结果导向型贷款，重点支持政府基本公共养老服务体系建设。

（一）养老服务机构投资状况与地区差异

大部分市（州）省级资金占比都在30%以上（见表4-10）。省级资金占比最高的是黔西南州（45.48%），其次是安顺市（45.11%）。省级资金占比在30%以下的有黔南州、六盘水市和贵阳市。其中，贵阳市的省级资金占比最低（4.49%）。

各市（州）地方匹配资金占比参差不齐。地方匹配资金占比最高的是六盘水市（71.83%）。地方匹配资金占比最低的是铜仁市（10.28%）。二者相差61.55%。

各市（州）其他资金占比各不相同。其中，其他资金占比最高的是贵阳市（42.05%）。安顺市无其他资金投资。黔西南州其他资金占比倒数第二，只有6.92%。

表4-10　不同市（州）养老服务机构建设融资结构　　　单位:%

地区	省级资金	地方匹配	其他资金
六盘水市	15.61	71.83	12.45
安顺市	45.11	16.28	0
毕节市	32.04	51.39	14.61
贵阳市	4.49	26.64	42.05

续表

地区	省级资金	地方匹配	其他资金
遵义市	34.85	18.41	27.47
铜仁市	39.37	10.28	28.13
黔东南州	39.16	31.07	16.74
黔南州	26.74	18.82	27.00
黔西南州	45.48	32.60	6.92
贵州省	27.92	27.71	24.93

注：其他资金主要来源于自由资金或尚未落实，横向占比相加并不等于100%。

资料来源：课题组开展的贵州省养老服务机构问卷调查。

从横向看，相比地方匹配资金、其他资金，大部分市（州）省级资金占比较高。如安顺市、遵义市、铜仁市、黔东南州、黔西南州省级资金占比都相对较高。从贵州省整体来看，三个部分资金占比相当。

（二）不同类型机构的融资结构

不同类型养老服务机构在省级资金和地方匹配资金方面相差较大，在其他资金方面相差较小（见表4-11）。由于老年公寓各部分资金占比加总不超过50%，数据不完整，对该组数据不予比较。省级资金占比最高的是敬老院，高达42.47%。除老年公寓以外，最低的是其他养老服务机构，省级资金占比仅为10.23%。地方匹配资金占比较高的是其他养老服务机构（40.60%），最低的是嵌入式居家社区养老服务中心（11.74%）。其他资金占比最高的是嵌入式居家社区养老服务中心（66.68%）。其他不同类型养老服务机构的其他资金占比在20%—40%。

从横向看，日间照料中心、养护院、敬老院在省级资金、地方匹配资金和其他资金之间比重相差不大。而嵌入式居家社区养老服务中心、其他养老服务机构在三者之间比重相差较大。

表4-11　　　　　不同机构类型养老服务机构投资状况　　　　　　单位:%

机构类型	省级资金	地方匹配	其他资金
日间照料中心	36.08	21.42	32.06
养护院	22.97	33.57	22.76
敬老院	42.47	28.67	20.20
老年公寓	2.89	3.59	41.07
嵌入式居家社区养老服务中心	18.78	11.74	66.68
其他	10.23	40.60	22.06

注：其他资金主要来源于自由资金或尚未落实，横向占比相加并不等于100%。

资料来源：课题组开展的贵州省养老服务机构问卷调查。

（三）不同经营性质机构的融资结构

从横向看，公办养老服务机构三项资金来源占比相当（见表4-12）。公建民营养老服务机构省级资金和地方匹配资金占比较高，其他资金占比相对较低。民营养老服务机构其他资金占比较高（72.16%）。省级资金和地方匹配资金占比相对较低。从纵向看，公办和公建民营养老服务机构的省级资金占比和地方匹配资金占比较高，民营养老服务机构的其他资金占比较高。

表4-12　　　　　不同经营性质养老服务机构投资状况　　　　　　单位:%

机构类型	省级资金	地方匹配	其他资金
公办	31.51	30.61	21.08
公建民营	30.95	30.49	14.80
民营	1.97	3.34	72.16

注：其他资金主要来源于自由资金或尚未落实，横向占比相加并不等于100%。

资料来源：课题组开展的贵州省养老服务机构问卷调查。

五　小结

一是养老服务机构运营状况不容乐观。省内据实报销机构占比高达

52.83%。特别是带有福利性质的敬老院和其他公办类据实报销机构占比都超过省平均水平，这类亏损机构占比较少，同时盈利机构占比也较少。民营机构发展加快，机构数量占比较高，同时亏损机构数也多。养老服务机构作为一个前期投入高、回报时间长的机构，需要政府扶持和市场运营相结合，鼓励社会资本进入养老服务领域。

二是入住率低，失能、半失能老年人入住率更低。养老服务机构是具有社会福利和公益属性的公共服务机构，服务对象应主要面对半失能、失能之类的特殊老人群体。特别是公办类的养老服务机构应当在享受政府扶持的情况下，对这类老人提供更多的帮助。但实际情况并非如此。全省有2/3床位处于空置状态。同时，失能半失能老年人只占入住老年人的1/3。敬老院和其他公办类的养老服务机构失能、半失能老人占比相对更低。养老服务机构，特别是公办养老服务机构，在运营的过程中出现了与其性质相悖的现象。

三是照护人员队伍存在短板，持证从业照护人员比例偏低。不同地区的养老服务机构照护人员配置存在差异，除铜仁市持证照护人员比例达到100%以外，其他市（州）的持证照护人员比例只有10%—20%。敬老院和其他公办类养老服务机构照护人员比例较低，但持证照护人员比例较高，这也进一步说明公办养老服务机构未充分发挥其该起的作用。公办养老服务机构拥有更专业的护理人员，但失能半失能老人占比却不高，造成了资源配置损失。

四是养老服务机构存在融资不足、结构失衡现象。对嵌入式居家社区养老服务中心这一新型的养老服务机构的政策扶持力度不够。省级资金和地方匹配资金占比仅为30.52%。目前，虽然贵州省政府给予了民办养老机构一定的政策支持，但与政府公办养老服务机构相比还存在较大差距。民办养老服务机构省级资金和地方匹配资金占比约为5%。说明政府对于民办养老服务机构的政策扶持力度偏低，使民办养老服务机构无法与公办养老服务机构竞争。

第 五 章

养老服务需求与供给的匹配：社区视角

从社区和家户层面探究养老服务需求与供给的匹配问题，离不开严谨、翔实的微观数据。2023年，中国社会科学院人口与劳动经济研究所开展了第五轮中国城市劳动力调查（China Urban Labor Survey，CULS），旨在通过收集家庭和社区层面的数据，反映中国城镇家庭的最新动态变化，为学术研究和公共政策分析提供支持。CULS 在 2001 年、2005 年、2010 年和 2016 年分别开展了前四轮调查，2023 年的第五轮调查得到了中国社会科学院"重大经济社会调查项目"的资助，样本覆盖全国 8 个城市，分别为贵阳、上海、广州、成都、福州、沈阳、西安、武汉。[①]

贵CULS 调查以国家统计局人口普查和 1% 人口抽样调查为抽样框，以主城区所有居委会的常住人口（含本地户籍人口及外来人口）为总体，采用与常住人口规模成比例的抽样方法抽取了 44 个社区居委会，又从每个社区抽取约 25 户家庭进行入户访问，抽样方法科学严谨、数据质量控制严格。最终有效样本为来自 1071 个家庭的 3289 位居民（其中住户成员 2642 人、住户成员的不住在本户的子女 647 人）。仅保留住户成员后，本章对 60 岁及以上老年人和 15—59 岁中青年群体的年龄、性别、教育程度

---

① 中国城市劳动力调查具有严谨科学的数据收集和审核制度。调查使用计算机辅助面访系统，实现入户访谈、数据传输和质量审核同步。目前该数据已得到国内外同行专家和多个国际组织的重视和认可，如世界银行、国际劳工组织、IDRC 以及亚行等机构。详细信息请参见https://2023.culs.org.cn/。

等方面的社会及人口学特征进行了描述性统计（见表5-1、表5-2）。可以发现，贵阳市受访老人平均70.4岁，以本地城镇户口为主，大部分老

表5-1　60岁及以上样本主要社会及人口学特征（N=468）

变量	变量水平	百分比（%）	变量	变量水平	百分比（%）
年龄	平均70.4岁			本地城镇户口	80.3
性别	男性	47.4	户口	本地农村户口	3.0
教育程度	小学及以下	29.3		外地城镇户口	7.9
	初中毕业	33.6		外地农村户口	8.8
	高中毕业	20.7	居住状况	独居	15.4
	大专毕业	11.1		非独居	84.6
	本科毕业	5.3	子女人数	无子女	5.3
	研究生及以上	0.0		一个	60.9
职业	工作	3.4		两个	19.2
	退休	74.4		三个及以上	14.6
	不工作且未退休	22.2	年总收入	中位数3.72万元	

表5-2　15—59岁样本主要社会及人口学特征（N=1691）

变量	变量水平	百分比（%）	变量	变量水平	百分比（%）
年龄	平均38.6岁			本地城镇户口	53.1
性别	男性	47.9	户口	本地农村户口	8.7
教育程度	小学及以下	9.5		外地城镇户口	6.9
	初中毕业	24.8		外地农村户口	31.3
	高中毕业	21.5	婚姻状况	未婚	18.4
	大专毕业	17.3		已婚	72.9
	本科毕业	24.5		离婚	7.7
	研究生及以上	2.4		丧偶	1.0
职业	工作	68.4	年总收入	中位数3.69万元	
	退休	4.2			
	不工作且未退休	27.4			

人受教育水平为高中及以下,有3/4的人已办理退休手续,过去一年总收入①的中位数为3.72万元;中青年群体的平均年龄38.6岁,以本地城镇户口和外地农村户口为主,受教育水平大多为中学毕业或大专/本科毕业,过去一年总收入的中位数为3.69万元。接下来,本章将基于受访样本分析贵阳市社区居民的老龄化特征与健康状况,并进一步从社区视角探究养老服务的供需矛盾。

一 社区居民老龄化特征与健康状况

(一) 社区居民老龄化特征

其一,贵阳市老龄化程度低于全国平均水平,老年人口以低龄老人为主。与全国人口抽样数据相比,贵阳市 CULS 受访群体中 15—59 岁劳动年龄人口占比较高,60 岁及以上老年人口占比较低;受访家庭老年抚养比②平均值为 0.128,低于 0.218 的全国平均水平,少儿抚养比③为 0.374,高于 0.248 的全国平均水平。这表明,贵阳市的老龄化和少子化进程均慢于全国平均水平。图 5-1 展示了全国抽样人口与 CULS 贵阳市受访人群的年龄分布,可以发现贵阳市老年人口占比低于全国平均水平,人口年轻化特征明显。此外,贵阳市 60 岁及以上受访者中,60—69 岁低龄老人占比为 55.6%(见图 5-2),超过老年人口的一半。低龄老人处于相对健康和活力的阶段,其生活方式和消费结构与高龄老人有所不同。一方面,部分"活力老人"有精力、有时间、有热情、有兴趣参与就业或社会工作,具有较大的人力资源开发潜力和养老服务消费潜力;另一方面,大部分低龄老人的身体健康状况良好,因此针对各类老年慢性病进行预防控制的成本更低、效果更好。关注低龄老人的社会参与、疾病防控、养老

---

① 包括养老金收入、亲友转移性收入、政府转移性收入、财产性收入以及未退休老人的税后工资薪金。
② 老年抚养比是指 65 岁及以上老年人口数与 15—59 岁劳动年龄人口数之比。
③ 少儿抚养比是指 0—14 岁少儿人口数与 15—59 岁劳动年龄人口数之比。

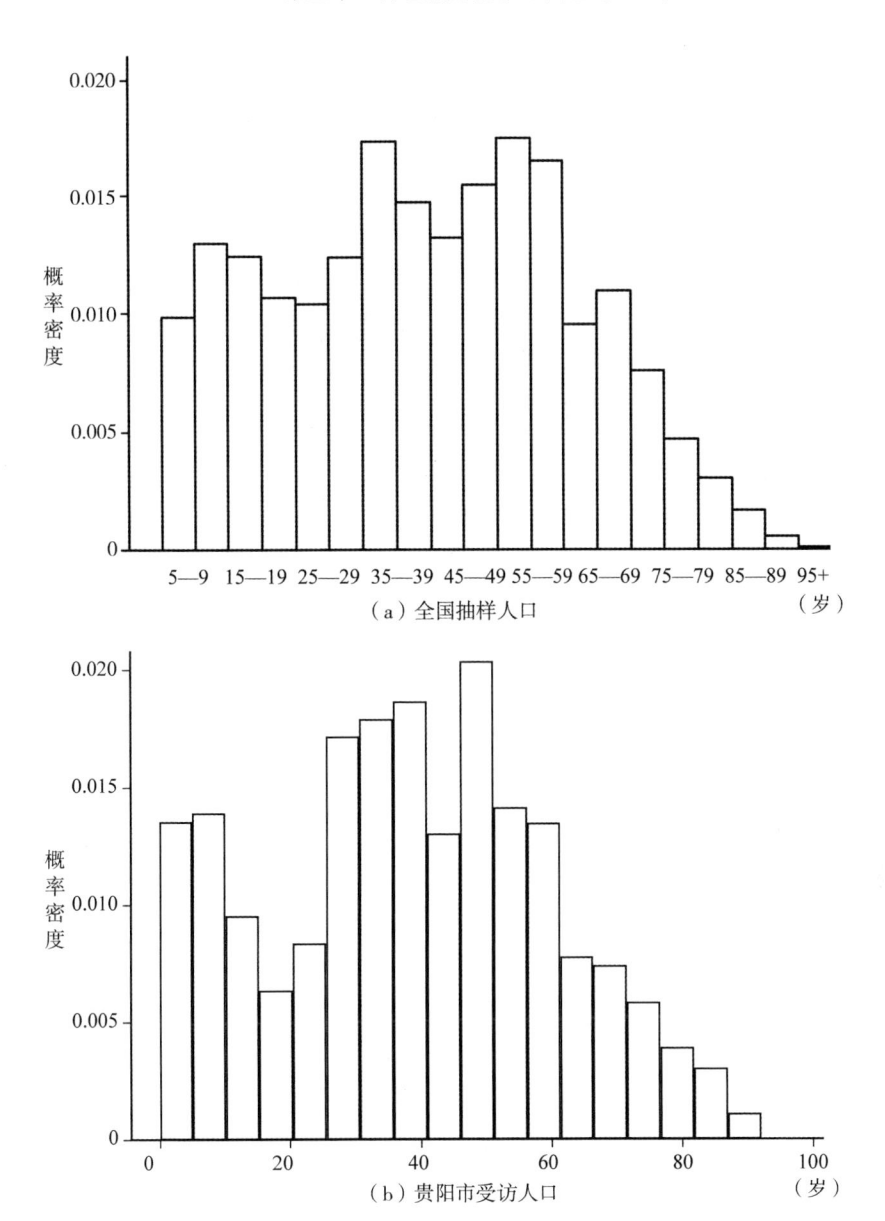

第五章　养老服务需求与供给的匹配：社区视角　/　63

（a）全国抽样人口

（b）贵阳市受访人口

图 5-1　全国抽样人口及贵阳市受访人口年龄分布

资料来源：全国抽样人口数据来自 2022 年《中国统计年鉴》，http://www.stats.gov.cn/sj/ndsj/2022/indexch.htm。

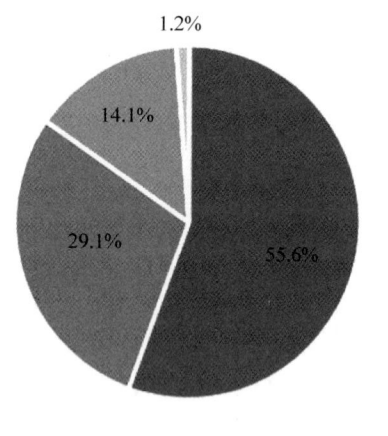

■ 低龄老人（60—69岁）　　■ 中龄老人（70—79岁）
■ 高龄老人（80—89岁）　　■ 长寿老人（90岁及以上）

图 5-2　贵阳市老年群体各年龄占比情况

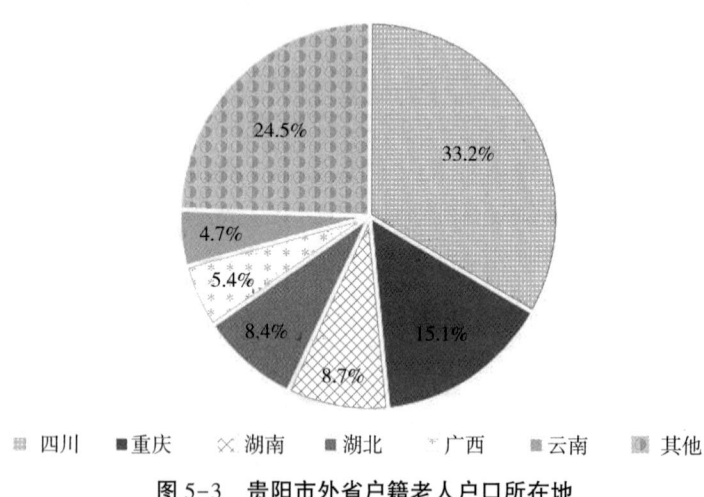

■ 四川　■ 重庆　× 湖南　■ 湖北　　广西　■ 云南　■ 其他

图 5-3　贵阳市外省户籍老人户口所在地

需求是应对人口老龄化问题、减轻全社会养老负担的重要抓手。

其二，贵阳市老年人口存在一定比例的外来户，大部分外地户籍老人未取得本市居住证。60岁及以上老年群体中有1/6为外来人口，其中仅有1/4的外地户籍老人取得了贵阳市居住证。在所有的外来户老人中，来自贵州省内其他城市和来自外省的人口比例约为2∶1，四川省是主要的外省户籍老人户口所在地（见图5-3）。由于没有本地户口，外来老人可能遭遇异地医疗报销手续烦琐、报销比例低等问题，部分老人在回户籍地看病时错失最佳治疗时机；有些外来老人存在语言障碍，心理压力较大。帮助"老漂族"消除孤独、安享晚年，使其更好地融入新的生活环境，是提高公共服务水平的重要命题。

其三，空巢老人占比高，老年配偶照料负担重。随着少子化和家庭小型化趋势的加剧，老年群体的居住安排和养老模式也在发生变化。考虑到CULS的数据结构，本章采用两种方式刻画老年群体的居住安排。第一种是观察受访群体中60岁及以上老人的同住者情况①（见图5-4），发现约15.4%的人选择独居；在非独居老人中，"仅与配偶同住"的占比高达44.9%，仅与子女同住的老人比例较低。第二种是观察受访者对其不住在一起的父母的居住状况的描述②（见图5-5），发现约15.5%的父母选择独居，其中有保姆照料的父母占比可忽略不计；"仅与配偶同住"的比例高达63.7%，还有约0.1%的父母选择居住在养老机构。上述两个指标的分析结果均表明，老年群体的照料问题急需解决。一方面，相当一部分老人处于"空巢"独居状态，难以得到较好的陪伴和照料；另一方面，非独居老人以"仅与配偶同住"为主，由于老年群体的配偶往往也是老人，因此其照料质量难以得到保证。

其四，老年群体收入以养老金为主，不同养老保险参保老人收入差距较大。CULS询问了受访者过去一年的税后工资薪金（含劳务报酬、稿酬等）、养老金收入（含离退休金、企业年金、职业年金等）、亲友转移性

---

① 由于CULS未对养老机构中的群体进行访问，因此该指标无法反映老人选择机构养老的比例。
② 由于CULS仅对受访者不住在一起的父母的居住状况进行了询问，因此该指标存在选择偏差，即高估了"不与子女同住"的概率。

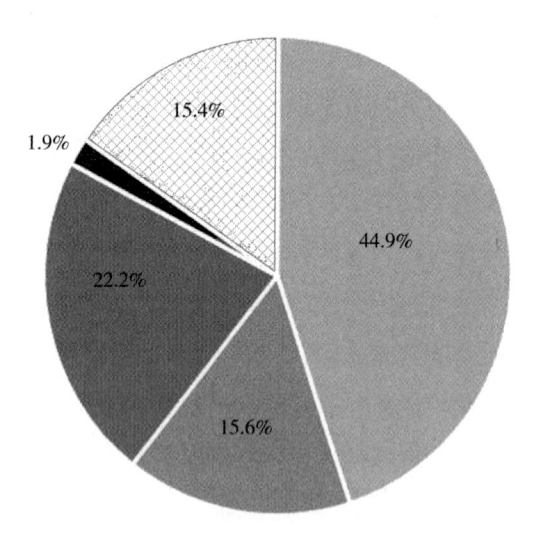

■ 仅与配偶同住　▨ 仅与子女同住　■ 与配偶和子女同住　■ 与其他亲属同住　▧ 独居

图 5-4　60 岁及以上受访者的居住状态

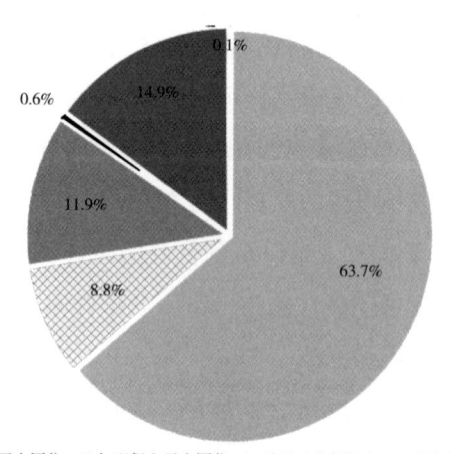

■ 仅与配偶同住　▨ 仅与子女同住　■ 与配偶和子女同住　■ 独居（有保姆）　■ 独居（无保姆）　■ 养老机构

图 5-5　受访者父母的居住状态

收入、政府转移性收入（含最低生活保障金、社会救济、政策性生活补贴等）和财产性收入（含利息收入、红利和储蓄性保险净收益、出租房屋或其他资产的净收入、转让承包土地经营权租金净收入等）情况。从收入水平角度看，15—59岁劳动年龄人口的年总收入中位数为3.7万元、平均值为5.0万元；老年人的年总收入中位数为3.7万元、平均值为4.1万元，收入水平略低于劳动年龄人口。在老年群体收入来源中，养老金收入占比约为93%（见图5-6），是老人收入的最重要部分。从收入差距角

```
（元）
60000 ┤      2268  
       │      4136   743
50000 ┤      0    394  1876
       │           274  154
       │                3652
       │                1076
40000 ┤                      1000   974   617
       │                      158    51   168
       │                      1265  499   424
30000 ┤
       │     53432 51483
20000 ┤                46399  23778
       │                            37513 39938
10000 ┤ 415
       │ 134
       │ 6367         14967
    0 ┤ 12058                       324    0
       └──────────────────────────────────────
        15—24岁 25—34 35—44 45—54 55—64 65—74 75岁及以上
```

工资薪金　养老金　亲友转移性收入　政府转移性收入　财产性收入

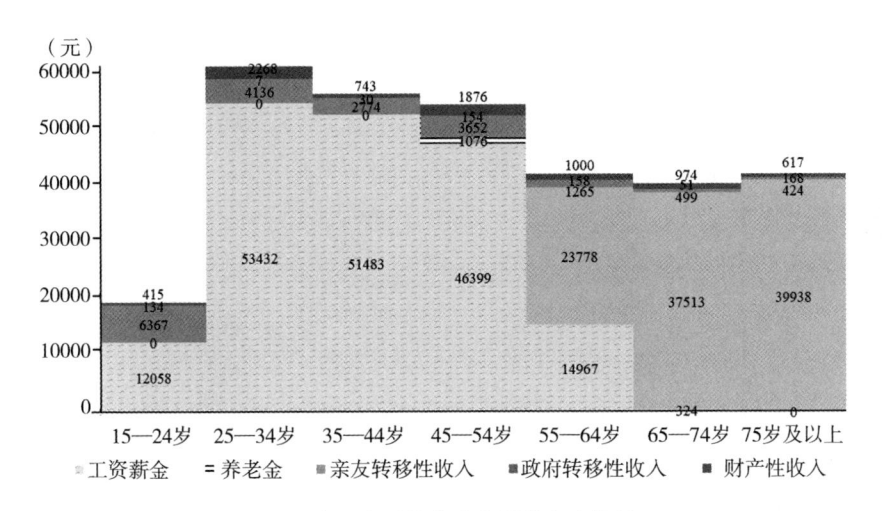

图5-6　贵阳市受访者分年龄收入来源情况

注："亲友转移性收入"仅询问了过去12个月中住户成员以外的亲友（包括父母、子女、配偶、其他亲友）提供的经济支持（包括现金和实物），住户成员提供的经济支持未包含其中；税后工资薪金、养老金为个人实际值，亲友转移性收入、政府转移性收入、财产性收入为家庭平均值。

度看，60岁及以上老年群体的年总收入基尼系数①为0.43（纯养老金收入基尼系数为0.45），收入差距较大；其中参加城镇职工基本养老保险的老人养老金年收入均值为48158元，参加城乡居民社会养老保险的老人养老金年收入均值为6790元（见图5-7），职工养老保险待遇水平远高于居民养老保险。这表明，虽然贵阳市老年人平均收入较高、对养老服务具有

---

① 基尼系数是国际上通用的用以衡量一个国家或地区居民收入差距的常用指标之一。基尼系数最大为1，最小为0，越接近0表明收入分配越平等。通常认为，基尼系数在0.3—0.4时比较合理，在0.4—0.5时差距过大，大于0.5时差距悬殊。

一定的支付能力，但老年群体内部收入差距较大，应重点做好低收入老人的兜底性保障工作。

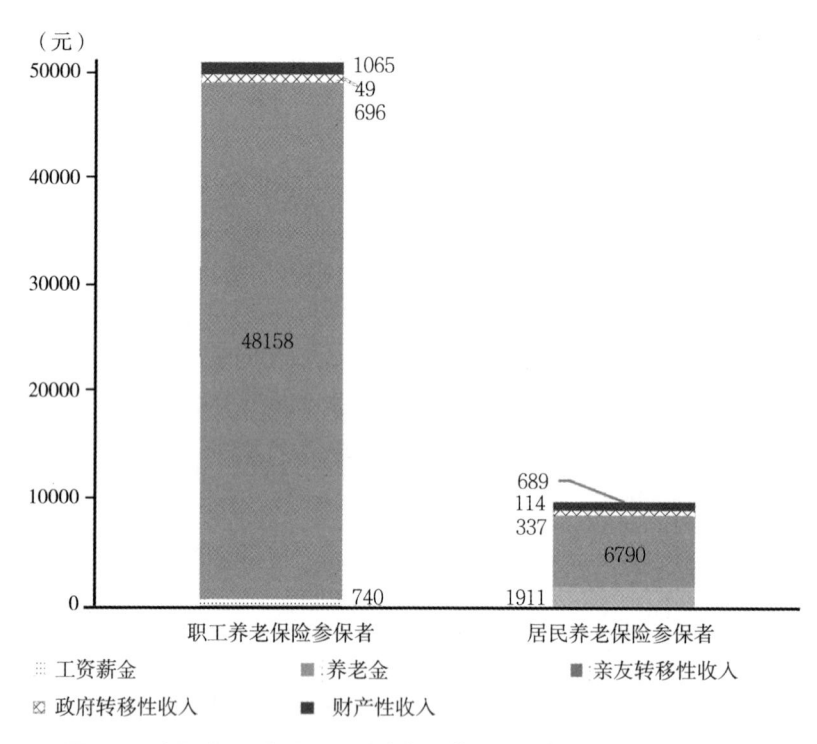

图 5-7　贵阳市 60 岁及以上受访者分养老保险类型收入来源情况

(二) 社区居民健康状况

其一，从主观健康指标来看，老年人生理健康（自评）状况较差，心理健康状况较好。图 5-8 展示了受访者自评健康状况随年龄的变化。可以发现，受访者的自评健康状况在 70 岁左右出现了断崖式下降，70 岁及以上受访者中仅有不足一半的人认为自己处于"健康"状态。老年人健康水平随年龄的快速下降与其身体机能退化、疾病数量和严重程度的增加有关，这启示我们应发展"医养结合"的养老服务模式，增加对高龄老人的医疗卫生资源供给。值得欣慰的是，贵阳市老年群体的心理健康状况较好,存在抑郁症状①的老年人占比不足1%。

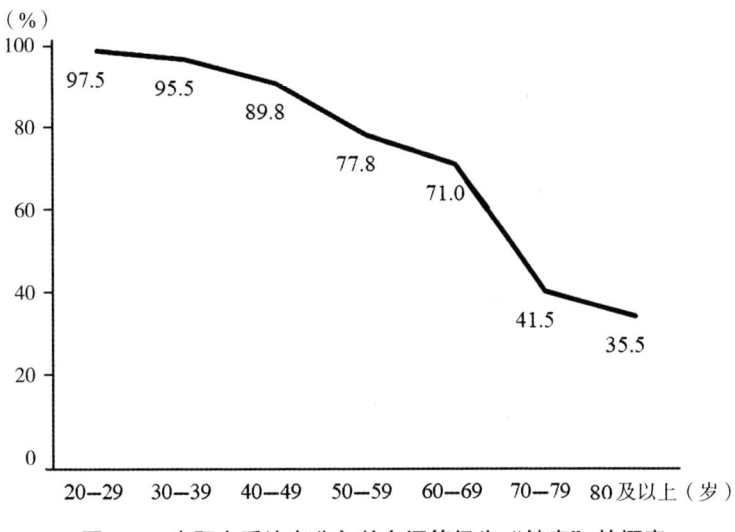

图5-8 贵阳市受访者分年龄自评等级为"健康"的概率

（纵轴：%；横轴：岁）
- 20—29：97.5
- 30—39：95.5
- 40—49：89.8
- 50—59：77.8
- 60—69：71.0
- 70—79：41.5
- 80及以上：35.5

其二,从客观健康指标来看,老年人慢性病高发,慢性病共病现象突出。53%的老年人至少患有一种慢性病,其中高血压、心脏病、脑血管病等循环系统疾病的发病率高达43%,位居老年慢性病患病率之首（见图5-9）；同时,慢性病共病现象普遍,有23.5%的老年人同时罹患两种或两种以上慢性病（见图5-10）。老年群体慢性病高发与器官功能衰老及不良生活习惯等因素有关,例如,约44%的受访老人身体质量指数（Body Mass Index, BMI）② 不达标（见图5-11）,肥胖人群占比高达36.5%。

---

① 如"总感到心情很压抑,活得很痛苦,无论做什么事和活动也不能让自己高兴起来""对平时自己非常喜爱做的事情或活动完全失去兴趣""因感到绝望,对平时喜爱吃的食物完全失去食欲""总觉得自己很没用,生活中所有不顺和坎坷都是自己的过错,对生活感到毫无希望"。

② 身体质量指数是国际上衡量人体胖瘦程度及是否健康的常用指标,计算公式为BMI=体重/身高^2。BMI正常值在18.5—24kg/m^2,超过24为超重,小于18.5提示消瘦。

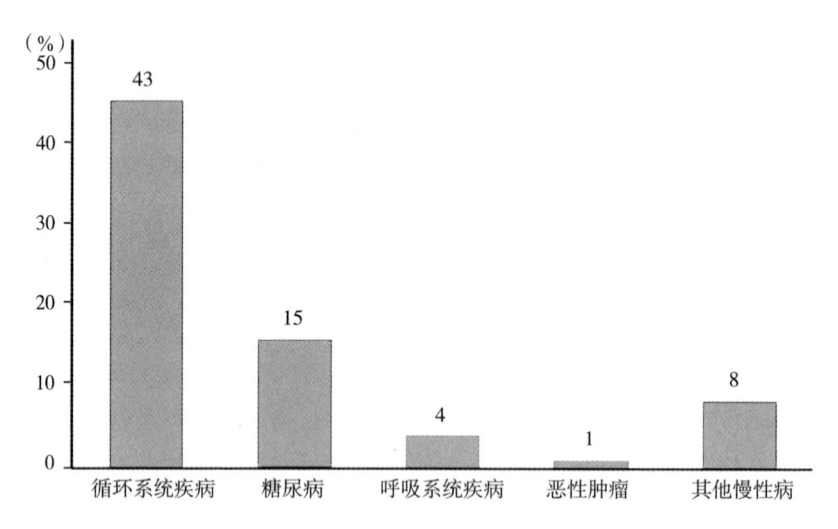

图 5-9 贵阳市 60 岁及以上受访者各类慢性病发病率

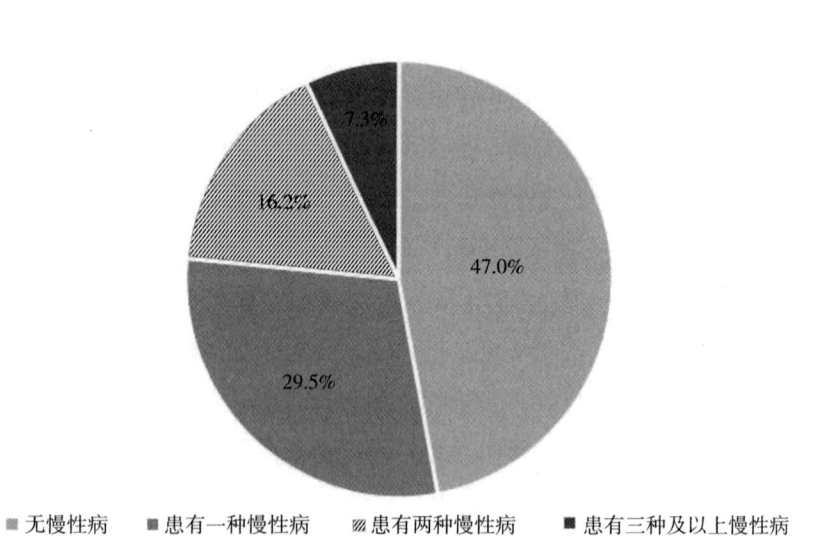

图 5-10 贵阳市 60 岁及以上受访者慢性病共病情况

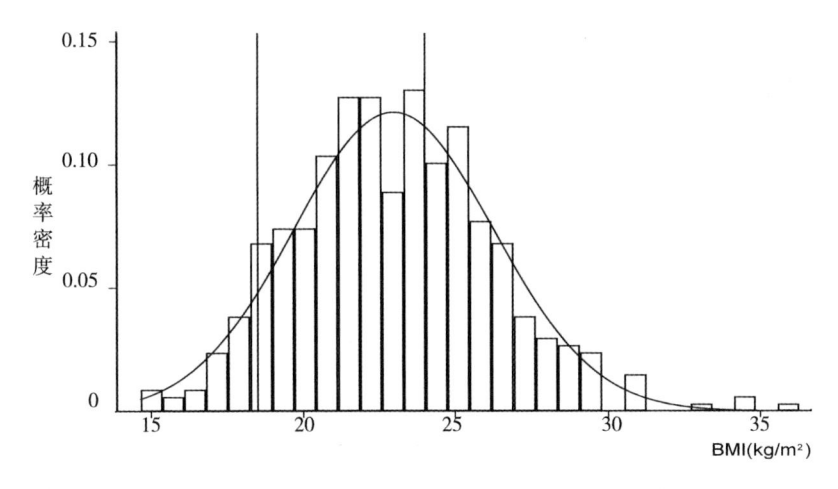

图 5-11　贵阳市 60 岁及以上受访者 BMI 分布情况

其三，医疗负担随年龄增长快速攀升。虽然 98.5% 的受访老人参加了医疗保险（含城镇职工基本医疗保险、城乡居民基本医疗保险、公费医疗、商业医疗保险等），但养老金待遇给付的方差较大，老年群体基尼系数偏高，部分老人的自付医疗费用高于其年总收入。图 5-12 绘制了不同年龄群体的年度医疗费用情况。[①] 随着年龄的增长，受访群体的年总收入水平呈下降趋势，但年度医疗卫生支出却快速攀升。其中，门诊和住院产生的自付医疗费用平均为 6070 元/年，门诊和住院之外的医疗卫生支出约为 1688 元/年，二者合计约占老人年总收入的 19%（在 15—59 岁群体中为 6%）。此外，约 1/6 的老年人年总收入低于其年度医疗卫生支出，存在严峻的"看病贵"问题。较重的医疗卫生负担影响了老年人生活水平的提升，因此做好低收入老年群体的兜底保障工作，定向提升特困老人的医保报销比例、养老金待遇水平和政府补贴额度，构建以"预防"为重点的公共卫生服务体系，将有助于减轻老年群体的医疗卫生负担，提升

---

① 含门诊和住院费用的自付部分（包括药品、医疗器材和器具等，为医保报销后的自付部分）以及门诊和住院之外的其他医疗卫生保健支出（包括药品、医疗卫生器具、滋补保健品、保健器具等）。

老年人生活质量和幸福水平。

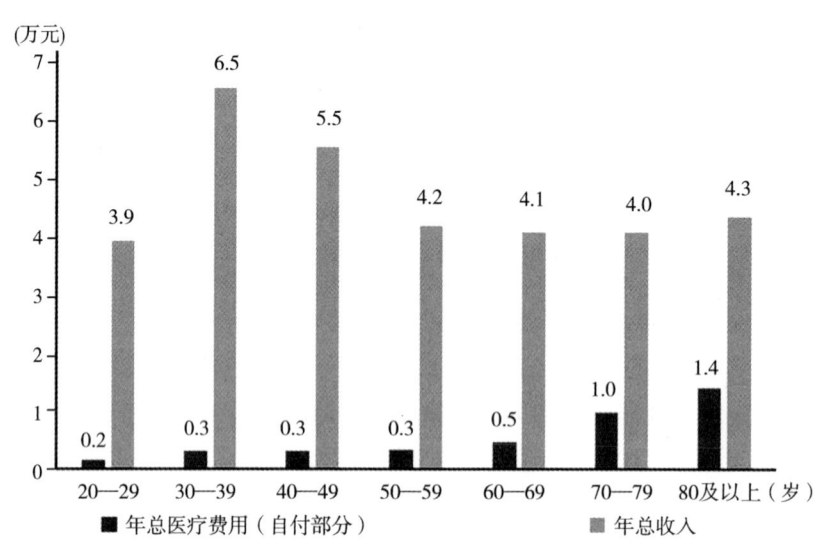

图 5-12 贵阳市受访者分年龄医疗负担及收入情况

二 社区居民养老服务需求状况与特征

根据服务地点的不同，养老服务可分为居家、社区和机构养老三类。其中，社区养老具有离家近、功能全、氛围好等优势，让老年人在家门口就能享受到专业的养老服务，在提高老人晚年生活质量的同时减轻社会的养老负担。由前文分析可知，贵阳市老年群体具有低龄老人占比高、经济基础好的优势，但也存在健康状况堪忧、家庭照料负担重、传统养老模式难以满足多样化养老需求的问题，大力发展普惠型社区养老服务、促进资源的均衡配置非常重要。本部分进一步挖掘了社区养老服务的潜在需求点，为后文剖析目前社区养老服务的供需矛盾提供基础。

其一，失能率随年龄增长快速提升，护理和照料服务需求大。随着年龄的增长和健康问题的积累，老年群体的失能状况令人担忧。CULS 询问了 60 岁及以上老人在吃饭、洗澡、洗脸刷牙、穿衣、控制大便、控制小便、上厕所、在床椅之间转移、平地行走、上下楼 10 项活动中的自理状况，由此可构建 Barthel 得分。[①] 如图 5-13 所示，老年人的失能状况大致可分为三个阶段：64 岁及以前是基本独立阶段，绝大部分老人生活自理；65—79 岁失能问题出现，重度失能人群占比上升；80 岁及以上为失能加剧阶段，老人自理能力迅速减弱，失能率和重度失能率攀升。在所有日常生活活动能力中，洗澡和上下楼是老年人得分最低的两个项目，因此发展

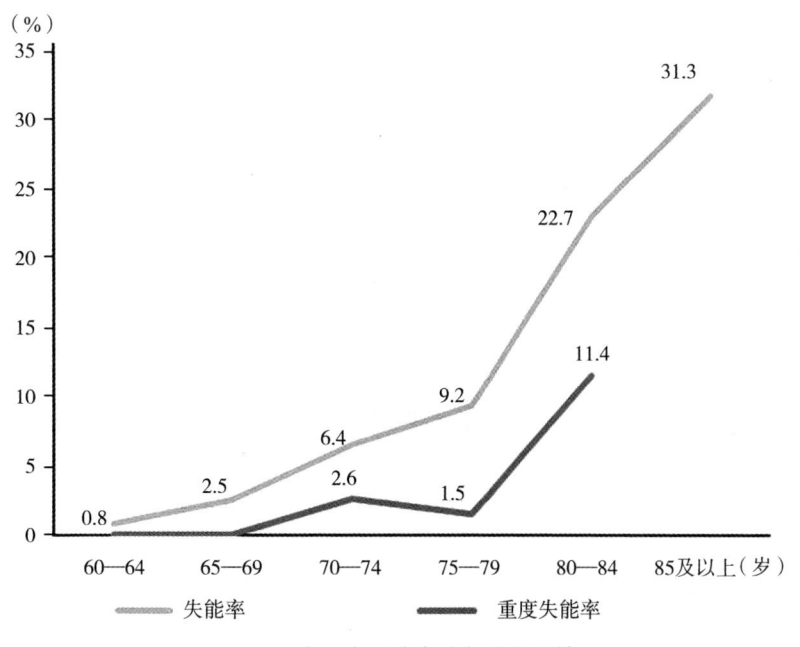

图 5-13　贵阳市受访者分年龄失能情况

注：图 5-13 中失能率指的是在吃饭、洗澡、洗脸刷牙、穿衣、控制大便、控制小便、上厕所、在床椅之间转移、平地行走、上下楼 10 项活动中存在任何 1 项无法完全自理的老人占老年群体总人数的比重。重度失能率指的是 Barthel 得分≤40 分的老人占老年群体总人数的比重。由于样本量较小，85 岁及以上群体的重度失能率存在较大波动，未在图中展示。

---

① Barthel 得分用于评估老年人独立生活活动能力（Activities of Daily Living, ADL），反映老年人需要护理的程度。0—40 分的记为"重度失能"，41—60 分的记为"中度失能"，61—99 分的记为"轻度失能"。

助浴、助行产品及服务最为急迫。然而，仅有13.5%的失能老人有人照料，照料责任主要由配偶（49%）和子女（43%）承担，日均接受照料的时长为3.3小时，家庭照料花费约为449元/月。与轻度和中度失能老人相比，重度失能老人的大部分生活能力丧失，对专业护理和照料服务有强烈的需求。近年来中国不少城市试行了长期护理保险制度，一般卧床达六个月的重度失能老人可以申请长期护理保险给付，①家庭的护理和照料负担得以减轻。目前，贵阳市长期护理保险制度正在计划中。

其二，随年龄增长居民对社区照料的偏好提升，高龄老人的社区养老服务需求较大。CULS对所有45岁及以上中老年人询问了其在老年时最希望得到的护理服务类型，"居家子女照料"仍是受访者最希望得到的护理服务，占比高达40.0%（见图5-14）。然而，随着少子化趋势的加深，老人与子女同住的概率降低，仅与配偶同住的老年人占比升高，还有部分老人选择独居。由于老年人（及其配偶）的身体机能日渐衰退，仅与配

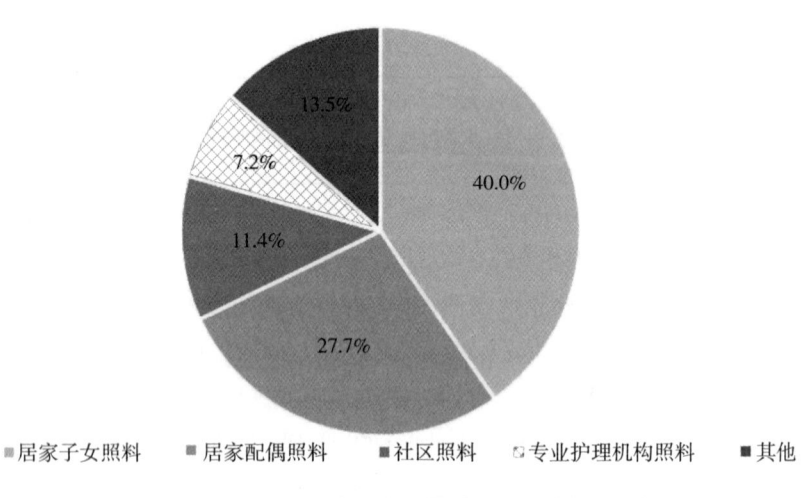

图5-14 贵阳市受访者老年时最希望得到的护理服务

（饼图数据：居家子女照料 40.0%、居家配偶照料 27.7%、社区照料 11.4%、专业护理机构照料 7.2%、其他 13.5%）

---

① 在部分城市，中度失能老人和失智老人也可以申请长期护理保险给付。

偶同住或独居（无保姆）的老年人难以获得及时有效的照料，专业的养老照料服务市场亟待完善。此外，随着年龄的增长，社区照料越来越成为老年人最青睐的养老服务模式（见图5-15），70岁及以上高龄老人最青睐社区照料的比例明显提升。

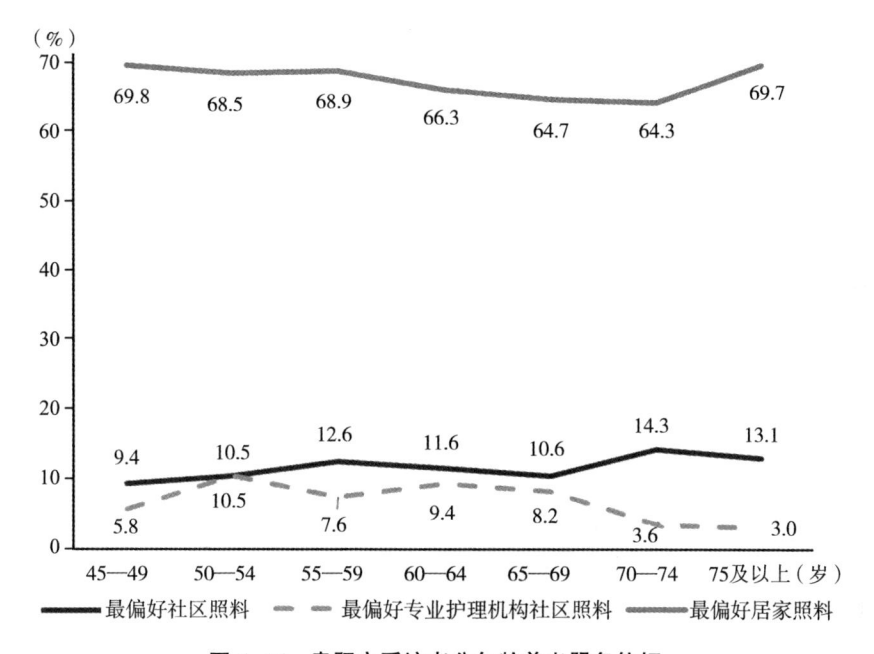

图5-15　贵阳市受访者分年龄养老服务偏好

其三，老年群体对当前生活水平与经济状况更为乐观，具备将收入转化为养老消费的条件。CULS询问了受访者对目前生活水平及工作/不工作状况的满意程度，并请受访者评价目前的家庭经济状况与五年前和五年后相比（将会）如何。本章由此构造了四个满意度指标："对目前生活水平的满意度""对目前工作/不工作状况的满意度""认为目前家庭经济状况与五年前比如何""认为五年后家庭经济状况与现在比如何"。如图5-16所示，除对未来经济状况的预期与15—59岁群体大致相当以外，老年群体的乐观程度明显高于劳动年龄人口，这为拉动居民的养老消费内需、促使老人将收入转化为养老消费提供了条件。

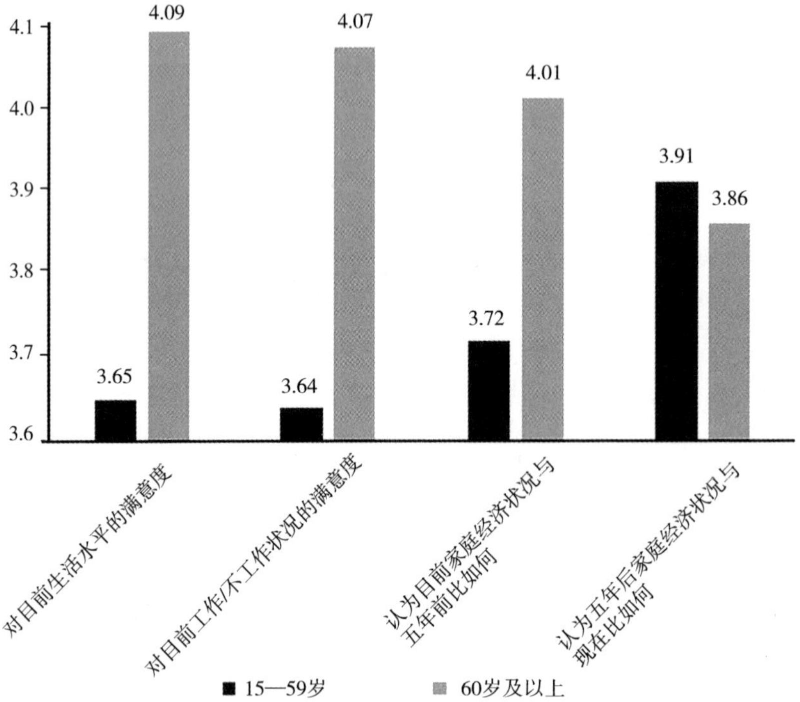

```
                                   4.09           4.07
4.1
                                                                4.01
4.0

3.9                                                                         3.91
                                                                                  3.86
3.8

3.7                                           3.72
       3.65           3.64
3.6

      对目前生活水平的满意度   对目前工作/不工作状况的满意度   认为目前家庭经济状况与五年前比如何   认为五年后家庭经济状况与现在比如何

              ■ 15—59岁        ■ 60岁及以上
```

图 5-16　贵阳市受访者满意度指标得分情况

注：图 5-16 中每个指标最高 5 分（代表"非常满意""好了很多"或"将会好很多"），最低 1 分（代表"非常不满意""差了很多"或"将会差很多"）。

其四，家庭主动选择适老化小区，配置适老化设施及辅具，对养老产品和服务供给形成牵引力。有老人的家庭对适老化设施的重视程度较高：一是选择适老化住宅小区。约一半的家庭居住在适老化改造过的小区（见图 5-17a），集中体现为所在小区有住宅电梯满足老人上下楼需求，小区地面、出入口、通道进行了轮椅坡道等无障碍改造，安装辅助老人行走的扶手或抓杆，对地面进行防滑处理等。二是配置家庭适老化设施用具。许多有 60 岁及以上老人或身体不健康成员的特定家庭（以下简称"特定家庭"）装配了适老化家居、辅具和智能养老用具（见图 5-17b-d）。在适老化家居方面，有近一半的特定家庭在卫生间、淋浴区、卧室等地进行

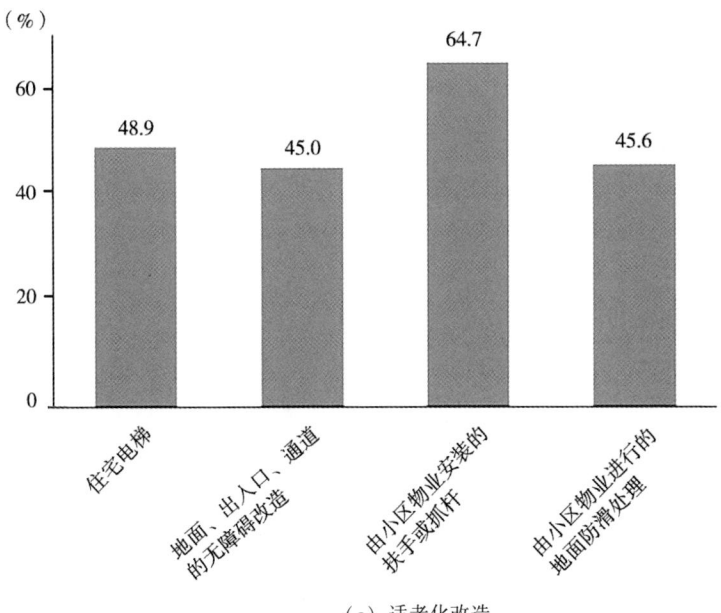

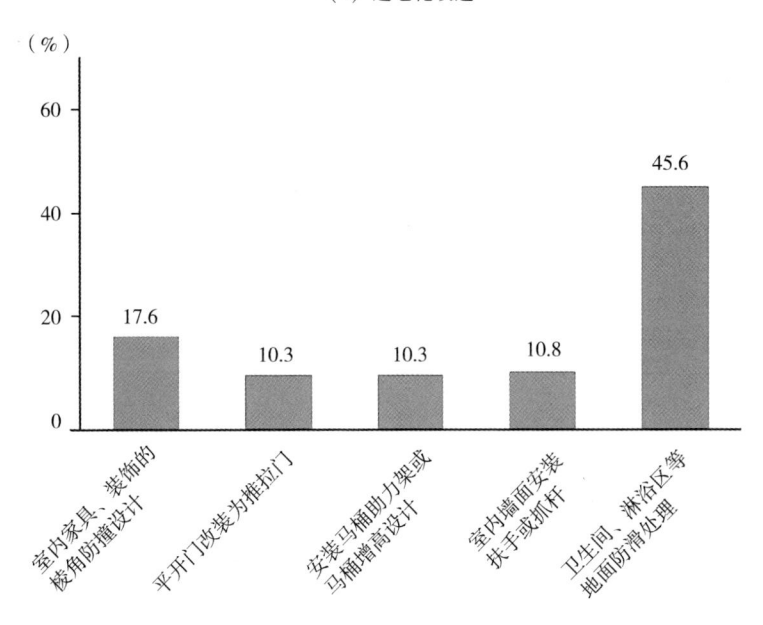

(a) 适老化改造：
- 住宅电梯：48.9%
- 地面、出入口、通道的无障碍改造：45.0%
- 由小区物业安装的扶手或抓杆：64.7%
- 由小区物业进行的地面防滑处理：45.6%

(b) 家具装修适老化改造：
- 室内家具、装饰的棱角防撞设计：17.6%
- 平开门改装为推拉门：10.3%
- 安装马桶助力架或马桶增高设计：10.3%
- 室内墙面安装扶手或抓杆：10.8%
- 卫生间、淋浴区等地面防滑处理：45.6%

```
(%)
60

40

         24.7
                              15.4    18.3
20                      7.9
                 5.0
 0
         拐杖    助行器   轮椅   浴凳  简易坐便凳
                    （c）适老辅具
```

```
(%)
60

40

20
          2.6         1.8
                                       0.6
 0
       防走失手环   紧急呼叫设施   远程断电装置
                  （d）智能养老用具
```

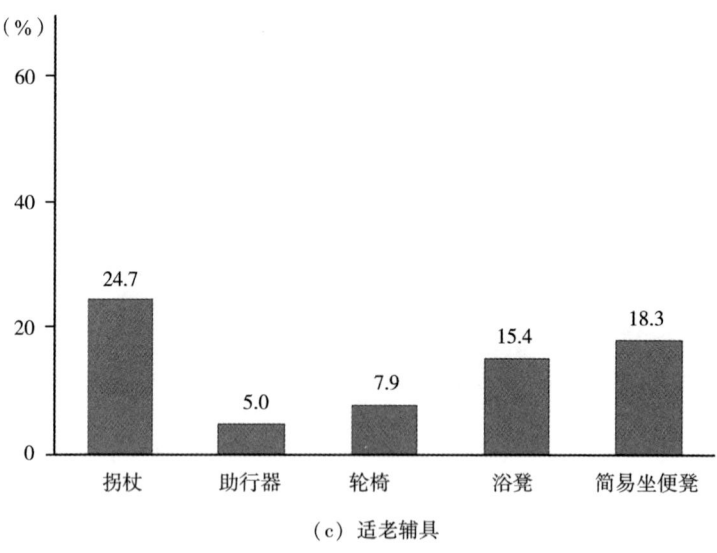

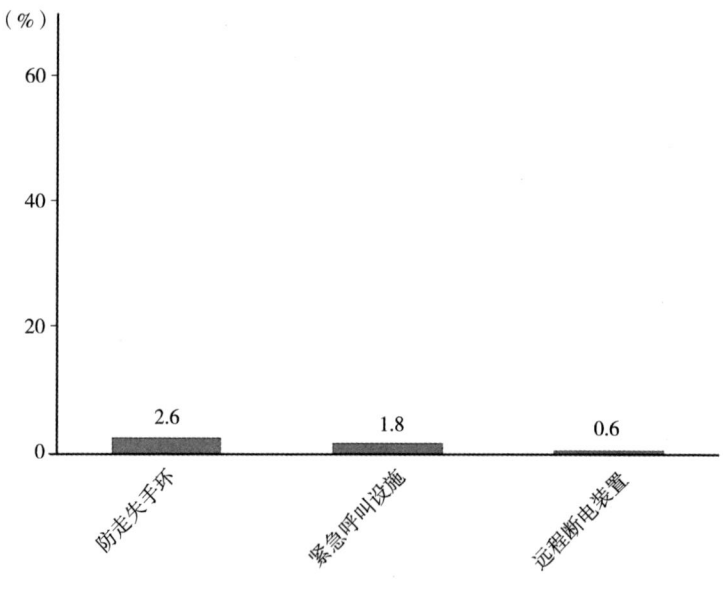

图 5-17　贵阳市受访社区适老化改造、家具装修适老化改造、适老辅具及智能养老用具安装配置情况

注：图 a 中，配置率=居住在有相应设施的小区中的受访者人数/总受访人数；图 b-d 中，配置率=配置相应设备或用具的受访者人数/有 60 岁及以上老人或 60 岁以下但身体不健康成员的家庭中的所有受访者人数。

了地面防滑处理（如放置防滑垫等），超过 1/10 的特定家庭对室内家具、装饰的棱角进行了防撞设计，将平开门改装为推拉门以方便老人出入，安装马桶助力架或进行马桶增高设计以方便老人如厕，以及在室内墙面安装扶手或抓杆；在适老化辅具方面，拐杖、简易坐便凳和浴凳已较为普及；但特定家庭的智能化养老用具配置率低，有防走失手环、紧急呼叫设施或远程断电装置的特定家庭不足 3%，这可能与相关产品仍不完善、市场尚不发达有关。上述家庭的适老化改造体现了其对养老产品的支付意愿，为发展养老产品与服务市场提供了内在动力。

三 社区养老服务供给状况与短板

一直以来，发展社区养老服务是国家老龄工作的重点。2000 年 8 月发布的《中共中央 国务院关于加强老龄工作的决定》（中发〔2000〕13 号）明确指出，要"完善社区为老年人服务的功能"，"形成设施配套、功能完善、管理规范的社区老年服务体系"，为推行社区养老提供了政策支持。近年来，"社区养老"成为政府文件的高频词汇。2021 年 3 月，《中华人民共和国国民经济和社会发展第十四个五年规划和 2035 年远景目标纲要》提出构建"居家社区机构相协调、医养康养相结合的养老服务体系"的目标；同年 11 月发布的《中共中央 国务院关于加强新时代老龄工作的意见》指出，应提升社区养老服务能力，增加居家社区养老服务的有效供给；同年 12 月发布的《"十四五"公共服务规划》提出，需求应发展集中管理运营的社区养老服务网络，推动形成"15 分钟"养老服务圈。2022 年 12 月，《扩大内需战略规划纲要（2022—2035 年）》进一步提出，增加养老服务消费，推动公共设施适老化改造，开发适老化技术和产品。

贵阳市自 2007 年开始社区养老服务的试点工作，通过建立社区日间照料中心、社区老年人活动中心等方式提高社区养老服务供给质量和水平。2021 年，《贵阳市国民经济和社会发展第十四个五年规划和 2035 年远景目标纲要》进一步指出，"重点增加社区嵌入式综合性养老服务供给，补齐社区养老服务短板，推进南明区等全省县域养老资源统筹改革试点建设"。本部分从CULS微观数据出发，从社区层面分析六个市辖区社区养老及卫生服务的供给状况与不足之处。

（一）社区适老化改造水平有待提升

适老化改造一般是指从"以老年人为本"的设计理念出发，建设适应老年人生理、心理需求的社区环境，最大限度解决出现身体机能衰退及功能障碍的老人在日常生活和出行中的困难。贵阳市CULS调查受访的44个社区中，约有一半在过去五年集中进行了适老化设施改造（见表5-3第五、第六列）。在贵阳市六个市辖区中，南明区、云岩区等老龄化程度较高的市辖区进行了较大比例的社区适老化改造，而花溪区的适老化改造较为滞后，适老化率有待提升。

表5-3　贵阳市受访社区养老服务和医疗资源供给状况

市辖区	60岁及以上老人占比（%）	受访社区（个）	受访人数（人）	已进行适老化改造的社区		有社区卫生服务中心的社区		3千米内有综合性三甲医院的社区	
				数量（个）	占比（%）	数量（个）	占比（%）	数量（个）	占比（%）
南明区	14.7	13	802	9	69	4	31	9	69
云岩区	14.4	12	624	7	58	3	25	6	50
乌当区	13.8	2	134	1	50	0	0	0	0
花溪区	11.5	7	426	2	29	4	57	4	57
观山湖区	10.6	6	375	3	50	1	17	5	83
白云区	9.9	4	281	2	50	3	75	2	50
合计	13.3	44	2642	24	55	15	34	26	59

注：60岁及以上老人占比数据来自《贵阳市第七次全国人口普查公报（第四号）》（https://www.guiyang.gov.cn/ztzlsjtj/ztzlsjtjtjsj/202105/t20210531_68342011.html）；乌当区的受访社区数量较少，其各项指标存在较大的随机性，不宜与其他市辖区进行直接对比。

(二) 医疗卫生资源配置不均

医疗服务是老年群体的重要需求之一,考虑到老年人健康水平普遍较差、慢性病高发、失能状况随年龄恶化的特点,加大基层医疗护理资源供给是社区卫生服务的重要目标。如表5-3所示,虽然从综合性三甲医院可及性这一指标看,受访社区的优质医疗资源较为充足(3000米内有综合性三甲医院的社区占比达59%),但基层医疗卫生资源较为匮乏,仅有15个受访社区(34%)设置了社区卫生服务中心(站),其中观山湖区、云岩区等的社区卫生服务较为欠缺,难以满足老年人的需求。此外,从医护人员密度(社区卫生服务中心的医护人员与社区管辖区域面积的比值)的角度来看,白云区和花溪区的医护人员密度较低(约为20人/平方千米),专业医护人才缺乏。应重点关注这些区域的老年医疗服务体系建设,实现医疗卫生资源的梯度配置,推动医疗卫生服务延伸至社区和家庭,方便老人及时就近就医。

(三) 老年人日间照料中心数量少、运营成本高

社区老年人日间照料中心是一种适合半失能老人的"白天入托接受照顾和参与活动,晚上回家享受家庭生活"的养老服务模式,主要提供膳食供应、个人照料、保健康复、休闲娱乐、精神慰藉、紧急援助等日间服务。贵阳市44个受访社区仅填报了2个老年人日间照料中心(见表5-4),均位于白云区,分别是云城街道的"迎宾社区居民委员会养老服务站"(尚未投入使用)和都拉营街道云都社区的"蕾娜范(贵阳)养老服务中心"。由于养老服务机构的特殊性,目前完全公办的日间照料机构较少。一般建设模式为地方政府牵头引进有专业管理经验或资质的机构落户社区,并在场地提供、建设补助等方面提供支持性政策和帮扶措施。由于存在较高的沟通成本和合作障碍,日间照料中心等机构获得相关补助款项的手续烦琐、时间较长,运营成本和收费标准偏高,在居民中的普及率和接受率较低。专栏5-1以蕾娜范(贵阳)养老服务中心为例分析了国

际养老品牌入驻贵阳社区的运营情况。

表 5-4　　　贵阳市受访社区老年人日间照料中心一览

序号	社区	名称	类型	建设床位数（张）	使用床位数（张）	收费标准（元/月）	护理员人数（人）	总建筑面积（平方米）
1	白云区云城街道迎宾社区	迎宾社区居民委员会养老服务站	公建民营	—	—	—	—	150
2	白云区都拉营街道云都社区居民委员会	蕾娜范（贵阳）养老服务中心	公建民营	30	5	4000	5	1500

注："—"表示该日间照料中心正在建设中，相关数据尚未确定。

专栏 5-1：国际养老品牌的中国实践

——蕾娜范（贵阳）居家社区养老服务中心

蕾娜范（中国）养老集团是起步于居家养老上门护理的德国医养结合养老服务提供者，于 2015 年进入中国市场，服务范围包括居家上门护理、重症医疗护理、机构养老、社区服务以及残疾人服务等，目前已在贵阳、烟台、焦作、济南、德州、芜湖、沈阳、呼和浩特等地设立颐养院或老年公寓。蕾娜范（贵阳）居家社区养老服务中心是集合了居家巡护、日间照料、托老床位、为老膳食、医养康复五大功能模块的养老服务综合体，服务对象包括高龄老人，失能失智、残疾人及术后老人。目前该养老服务中心总建筑面积 1500 平方米，建设床位数 30 张（已使用 5 张），床护比（建设床位数与护理员人数的比值）0.17，收费标准为 4000 元/月，略高于贵阳市老年群体的年收入水平。

资料来源：蕾娜范（中国）养老集团官网，http://www.renafan.cn/。

（四）社区养老服务机构供给不足，人员与设施配置参差不齐

2022年年末，贵阳市60岁及以上老年人口约为80万人，养老服务机构（含社区日间照料中心）共132家，床位数1.22万张，即每6000余名老人配有一家养老服务机构、每65名老人配有一张养老服务床位，养老服务供给显著低于全国平均水平。① CULS数据显示，贵阳市44个受访社区共填报了11家养老服务机构（见表5-5），建筑面积在70—5000平

表5-5　　　　贵阳市受访社区养老服务机构一览

序号	市辖区	社区	名称	类型	建设床位数（张）	使用床位数（张）	护理员人数（人）	收费标准（元/月）	总建筑面积（平方米）
1	南明区	中曹司街道皂角井社区	贵阳工商康养电池厂养护院	公办民营	76	59	30	3000	5000
2		太慈桥街道国际城二社区	铁建国际城卫生服务中心	民办	56	56	10	5000	2115
3		中华南路街道公园南路社区	公园南路社区养老服务站	公办	—	—	—	0	200
4		兴关路街道尚义路社区	尚义路社区养老服务站	公办					70
5	观山湖区	金阳街道云境社区	云境社区养老服务站	公办民营				0	180
6		长岭街道上洲社区	上洲社区养老服务站	公办	—	—	—	200	160
7		世纪城街道龙耀社区	龙耀社区养老服务站	公办民营	2	2	3	1500	120

---

① 根据《2021年度国家老龄事业发展公报》，2021年年末全国60岁及以上老年人口为2.67亿人，各类养老服务机构和设施35.8万个，养老服务床位815.9万张（https://www.gov.cn/xinwen/2022-10/26/content_5721786.htm），即每750名老年人配有一家养老服务机构，每33名老年人配有一张养老服务床位。

续表

序号	市辖区	社区	名称	类型	建设床位数（张）	使用床位数（张）	护理员人数（人）	收费标准（元/月）	总建筑面积（平方米）
8	花溪区	溪北街道上水社区	爱一家养老院	民办	97	4	4	1800	2510
9	花溪区	溪北街道上水社区	上水老年公寓	民办	80	40	5	3500	1900
10	云岩区	黔灵镇银枫社区	黔灵镇养老服务中心	民办	90	21	4	3500	3000
11	白云区	泉湖街道天林社区	天林社区养老服务站	公办	4	4	2	0	130
合计	—	—	—	—	405	186	58	—	15385

注:"—"表示该养老服务机构正在建设中,相关数据尚未确定。

方米分布,价格范围为0—5000元/月。从类型上来说,公办、民办、公办民营养老服务机构各占1/3,其中公办机构的收费标准较低,民办机构的收费标准较高。11家养老服务机构中,护理员数量共58人,建设床位数共计405张,床护比较低（约为1:0.14),床位使用率仅为46%。养老机构床位使用率低、护理人员不足、专业性欠缺等问题使养老服务机构的功能难以得到有效发挥。近年来,贵阳市政府积极盘活国有闲置资产转型养老产业,取得了一定成效（见专栏5-2）。

专栏5-2：国企盘活闲置资产投入养老服务的典型代表
——贵阳工商康养电池厂养护院

贵阳工商康养电池厂养护院以原贵阳电池厂闲置物业改建而成,属公办民营养老服务机构,总建筑面积为5000平方米（位居11家养老服务机构之首）;建设床位数和使用床位数分别为76张和59张,使用率为78%;护理员30人,床护比为1:0.39;收费标准为3000元/月。养护院内置食堂、康复室、书画阅览室、影音播放室等功能区,为健康长者、半失能者、失能者、认知障碍症长者提供生活照料、健康管理、医疗护理、康复训练、文化娱乐、心理慰藉等服务。该养护院是南明区通过"国企领衔"的方式支持市属国企盘活自持闲置资产投入养老服务领域的典型代表,一定程度上解决了养老产业融资难、融资贵问题,能够发挥国企人才优势和技术优势提高养老服务的规范化水平。

资料来源:《探索多元服务　打造养老家园——贵阳市工商投资集团大力发展养老事业扫描》,https://www.guiyang.gov.cn/zwgk/zwgkxwdt/zwgkxwdtjrgy/202203/t20220321_73057113.html。

四　小结

贵阳市从2005年进入老龄化社会以来,至今仍呈现出较高的人口老龄化速度,养老问题严峻。基于2023年中国城市劳动力调查(CULS)数据,本章分析了贵阳市社区居民的老龄化特征与健康状况,总结了居民养老服务需求与供给的现状和特征,力求从社区视角探究贵阳市养老服务的供需匹配问题,主要结论如下。

其一,老年人社区养老服务消费意愿增强与服务模式落后之间存在矛盾。数据显示,随着年龄的增长,贵阳市老年群体对社区养老的偏好提升,尤其是80岁及以上高龄老人对社区养老服务的需求显著增加。同时,老年群体的经济基础较好、收入来源广泛,对当前生活水平与经济状况较为乐观,具备将收入转化为养老消费的条件。然而,目前贵阳市社区养老服务机构较少,机构人员与设施配置参差不齐,不少社区的适老化改造水平仍有待提升。

贵阳市应结合老龄化现状和现有养老服务设施分布情况,科学核算社区养老服务需求规模,加快健全居家社区机构相协调的养老服务体系。一是创新居家和社区养老模式,加强居家与社区养老的配合。推动公共设施适老化改造,提升城乡养老服务设施覆盖率,打造"横到边、纵到底"

的社区居家养老服务网络，构建"15分钟养老服务圈"。二是深化公办养老机构改革，完善公建民营管理机制，整合利用存量资源（如盘活国企闲置资产）增加养老服务供给，发展社区嵌入式养老；针对部分社区养老设施"小、散、弱"的现状，引进实力较强的民营企业，加强政策扶持，将部分社区养老服务站点交由机构统一运营，提升服务能力和水平。

其二，老年人医疗卫生需求增长与收入约束、医疗资源供给约束之间存在矛盾。数据显示，老年群体具有慢性病高发、失能率随年龄快速提升的特点，同时老年群体内部的收入差距较大，部分困难老人的医疗、护理和照料负担过重。对于健康状况较差的老年人，专业可及的医疗卫生服务与完备的社会保障制度至关重要。然而，贵阳市目前存在基层医疗机构（尤其是社区卫生服务中心）较少、居民自付医疗费用较高等问题，全生命周期医疗保障体系有待完善。

贵阳市应积极推进医疗卫生资源的下沉，健全治疗—康复—长期护理服务链，强化对失能、部分失能特困老年人的兜底保障。一是加大对基层医疗卫生设施的扶持力度和养老护理型人才的培养力度，增加养老机构护理型床位供给，构建"15分钟医疗卫生服务圈"，更好地满足高龄失能失智老年人医疗护理服务需求。二是树立"预防是最经济最有效的健康策略"的理念，加强康复、老年病、长期护理、慢性病管理、安宁疗护等接续性医疗机构建设，构建全生命周期养老服务体系。三是做好低收入老年群体的兜底保障工作，定向提升特困老人的医保报销比例、养老金待遇水平和政府补贴额度，尽快实施长期护理保险制度，推动保险公司增加商业健康险供给，搭建高水平公立医院与保险机构的对接平台，促进医、险定点合作。

其三，老年群体特征多样化与养老产品与服务种类单一化之间存在矛盾。数据显示，贵阳市老年群体具有老龄化程度低、外地户籍老人较多等特点，单一化的养老服务供给难以满足多样化的养老服务需求。此外，洗澡和上下楼是老年人最容易受损的两个日常生活活动能力，发展助浴、助行产品及服务最为急迫。目前，贵阳市养老服务机构的建设进程较为缓慢，高科技、智能化的养老用具普及率较低，养老消费亟待升级。因此，应针对有精力、有时间、有意愿发挥余热的"活力老人"及较难融入当地居民的"外来老人"设计差异化养老服务及产品，满足老年人多层次的养老服务需求，推动养老事业和产业协调发展。

一是关注老年群体的心理健康，解决老年人社交圈子缩小、孤独感增加等问题，推动养老机构的家庭化改造，营造家的氛围。二是构建养老、孝老、敬老的社会环境，为老年人再就业和参与社会工作提供指导和帮助，在帮助老年人更好融入社会的同时，促进人力资源充分利用。三是大力发展银发经济，增加助浴、助行等产品和服务供给，开发智能化适老化技术，培育智慧养老新业态，针对老年人的差异化需求提供定制化养老服务。

第六章

贵州养老服务的创新举措与主要问题

从完善基本养老服务到打造全国一流康养目的地,贵州省全面推进养老服务高质量发展,加快构建与居家社区机构相协调、医养康养相结合的养老服务体系,走出了一条具有贵州特色的养老事业产业协同发展道路。

一 养老服务发展的总体目标与实施路径

贵州省深入实施积极应对人口老龄化国家战略,进一步健全养老服务体系,不断增强发展要素支撑,促进老年人获得感、幸福感、安全感的提升。"十四五"时期,贵州省将进一步健全养老服务体系,在养老服务设施、人员及活动等方面设置了一系列约束性及预期性发展目标,如表6-1所示。接下来,本章将从兜底性养老服务、普惠养老服务及其配套措施等角度分别阐述贵州省养老服务发展的规划目标。

(一)密织兜底性养老服务网络

政府兜底的救助型基本养老服务主要为无劳动能力、无生活来源、无法定赡养人的特困老人,低保及低收入的高龄、独居、失能等养老困难老年人提供最基本的生活照料,由政府采取购买服务或补贴的方式提供服务,更加强调养老的公共服务属性。在兜底性养老服务方面,贵州省着力打造县级、乡镇级、村级养老服务机构,并对农村居家老人和困难群体给予政策倾斜。

表 6-1　　　　　　　　贵州省养老服务体系主要指标

项目	主要指标	2025 年	属性
设施	养老服务机构护理型床位总量	5 万张	约束性
	养老服务机构护理型床位占比	55%	
	新建城区、新建居住区配套建设养老服务设施达标率	100%	
	每个县具有医养结合功能的县级特困人员供养服务机构	1 所	
	每个县（市、区、特区）老年大学覆盖面	1 所	
	设立老年医学科的二级及以上综合性医院占比	60%	
人员	每千名老年人配备社会工作者人数	1 人	预期性
	本科高校、职业院校养老服务相关专业招生规模	明显增长	
活动	每个县（市、区、特区）"敬老月"活动覆盖面	1 次/年	
	特殊困难老年人月探访率	100%	

资料来源：《"十四五"贵州省老龄事业发展和养老服务体系规划》（黔府发〔2022〕11号），2022 年 6 月 19 日，https://www.guizhou.gov.cn/zwgk/zcfg/szfwj/qff/202206/t20220630_75343137.html。

打造县级标准化特困人员供养服务机构。实施"特困人员供养服务设施改造提升工程"，在每个县至少建设 1 所位于城区或城市周边、床位 100 张以上、护理型床位达到 80%、具有医养结合功能的县级标准化特困人员供养服务机构。

打造乡镇层面标准化区域养老服务中心。打造功能覆盖周边 2 个以上乡镇、床位 80 张以上、护理型床位达到 60%、能够护理中度失能老年人且能为村级农村互助幸福院提供技术指导和支持的乡镇层面标准化区域养老服务中心。

打造村级农村互助幸福院。利用现有闲置的集体房产、农村敬老院、闲置乡村校舍等推动农村互助幸福院建设，为农村老年人提供社交娱乐、老年教育、文化活动等服务。在全省打造一批设施配套、管理规范的农村互助养老示范点。

开展农村居家养老服务。推动将机构服务延伸到农村老年人家庭，为失能、半失能老年人提供照料护理、助餐助洁、家庭照护员培训支持等服务。推广农村家庭托顾的养老服务模式，鼓励农村家庭依托自有设施为周边老年人提供照护和助餐助洁助行等服务。

建立特殊困难老年人定期巡访关爱制度。对经济困难的空巢、留守、失能、残疾、高龄老年人以及计划生育特殊家庭老年人等有特殊困难的老年人，构建保障基本、救急救难的多层次关爱服务体系。到2025年，实现特殊困难老年人月探访率达到100%。

（二）健全普惠养老服务设施网络

普惠性基本养老服务更注重"适度普惠"，强调公共性与福利性并重。服务面向所有的老年群体，除了提供最基本的物质生活，还为老年人提供文化娱乐、保健理疗、社会交流、心理咨询等精神服务。贵州省从设施和服务两个方面入手，着力提升普惠养老服务发展水平。本部分首先介绍贵州省在健全普惠养老服务设施网络方面的规划目标，主要包括县级、街道以及社区三个层面。

打造县级标准化老年养护楼。以现有老年养护楼装修改造为主、新建为辅，在县级以上城市打造床位200张以上、护理型床位80%以上的标准化老年养护楼，为失能、半失能老年人提供长期照护服务。

打造街道层面标准化区域养老服务中心。在人口数量较大、老年人口密集的街道，建设床位30张以上的标准化区域养老服务中心，就近就便为老年人提供长期照护、短期托顾、临时照护等服务。

打造居家社区养老服务站。围绕打造"15分钟"养老服务圈，在城市社区普遍建设居家社区养老服务站，就近为老年人提供文化娱乐、学习教育、健康管理、数据采集等社区养老服务。建立健全新建小区养老服务设施配建审核、验收和移交机制。

（三）加大普惠养老服务供给

本部分介绍贵州省在普惠养老服务供给水平建设方面的规划目标。

开展综合照料服务。提高养老服务机构服务设施设备、服务内容和服务人员专业化水平,引导养老服务机构提供失能防范、紧急救援、基础医疗、康复护理、生活照料、安宁疗护等连续、规范、整合的养老服务。

发展"机构+居家社区"养老服务。形成"标准化老年养护楼+标准化区域养老服务中心+居家社区养老服务站"的服务网络,鼓励养老服务机构设立家庭养老床位,适时提供居家上门服务和紧急援助,提高居家社区基本养老服务质量。

发展助餐、助浴服务。采用"自建厨房服务模式""单位食堂专区(窗)服务模式""餐饮企业助餐配餐服务模式"或"邻里互助模式",利用社区养老服务设施及闲置房屋为老年人提供助餐配餐服务。[1] 采用"社区助浴点服务模式""机构助浴服务模式"或"企业助浴模式",依托养老服务站、区域养老服务中心等设施开设助浴专区,向老年人提供适宜助浴服务。[2]

发展"互联网+养老服务"。推动互联网平台企业提供"菜单式"就近便捷为老服务,开发面向老年人各种活动场景的监测提醒功能和方便老年人居家出行、健康管理和应急处置等应用功能,鼓励"子女网上下单、老人体验服务"的购买模式。

支持社会力量提供普惠养老产品。建立以运营质量为核心指标的运营商遴选机制,制定以服务设施和质量为核心指标的民办公助政策,采取委托管理、租赁经营等方式将政府投资兴办的养老服务机构交由社会力量运

---

[1] "自建厨房服务模式"是指综合利用社区养老服务设施和闲置房屋等资源为老年人提供助餐配餐服务;"单位食堂专区(窗)服务模式"是指机关、高校、企事业单位、养老服务机构食堂开辟老年助餐专区(窗),或通过订餐外送提供就近供餐服务;"餐饮企业助餐配餐服务模式"是指餐饮企业设置老年助餐专区(窗)或采取"中央厨房+社区门店"方式,提供助餐配餐服务;"邻里互助模式"是指在助餐需求少、老年人口居住分散的农村地区,倡导由亲属、邻居等提供互助性质助餐服务。

[2] "社区助浴点服务模式"是指依托居家社区养老服务站、街道层面标准化区域养老服务中心等设施改造建设老年人助浴点,为符合条件的老年人提供助浴服务;"机构助浴服务模式"是指鼓励养老服务机构安排护理员入户开展助浴服务,或在养老服务机构开设助浴专区向未入住老年人开放;"企业助浴模式"是指鼓励企业对助浴点进行适老化改造,或配备移动助浴车,向老年人提供适宜助浴服务。

营管理。

优化养老服务营商环境。落实养老服务综合监管制度，强化养老服务领域信用体系建设，建立多部门、跨地区的联合奖惩机制及养老服务机构权益保护机制，定期发布支持养老服务市场主体的政策清单。

推动兜底养老服务机构提供普惠养老产品。在满足特困老人集中供养需求的前提下，公办养老机构重点为经济困难的空巢、留守、失能、残疾、高龄等老年人提供服务。推动床位小于40张、入住率常年偏低的公办养老服务机构撤并或转改为老年人日间照料中心。

(四) 健全基本养老服务清单制度

分省、市、县三级制定发布的基本养老服务清单对服务项目、服务对象、服务方式、付费机制和支出责任主体等进行了明确。贵州省进一步完善养老服务清单制度，在分类服务、兜底保障、强化落实方面设置了发展目标。

分类提供服务。对健康、失能、经济困难等不同老年人群体，建立基本养老服务清单，分类提供养老保障、生活照料、康复照护、社会救助等适宜服务，明确服务对象、服务内容、服务标准和支出责任，并根据经济社会发展情况进行动态调整。

做好兜底保障。为经济困难的老年人提供养老服务补贴，为经认定生活不能自理的经济困难老年人提供护理补贴，分年度为贫困老年人家庭提供无障碍改造，保障特困供养老年人基本生活、基本医疗和长期照护需求。

强化清单落实。建立省级基本养老服务清单动态调整机制，确保80岁以上老年人高龄津贴、百岁以上老年人长寿保健补贴、老年人健康管理、特殊困难老年人巡访关爱以及老年人就医、旅游、文化活动、休闲、交通出行等方面的基本养老服务项目深入落实。

(五) 深入推进医养结合

医养结合主要指将专业的医疗技术检查和先进设备与康复训练、日常学习、日常饮食、生活养老等相融合。贵州省发展了医养结合服务的4种模式，以医疗为保障、以康复为支撑、边医边养、综合治疗。

"医办养"模式。推动有条件的医疗卫生机构开展养老服务，完善公立医疗卫生机构开展养老服务的价格政策，收费标准原则上应当以实际服务成本为基础，综合市场供求状况、群众承受能力等因素核定。

"养办医"模式。支持养老服务机构设立医疗机构，养老服务机构内设医疗机构涉及医学影像、医学检验、病理诊断、医学营养等服务可由具备资质的第三方专业机构提供，降低养老服务机构举办医疗机构运营成本。

"两院一体"模式。农村地区统筹规划乡镇卫生院和敬老院、村卫生室和农村互助幸福院毗邻建设；城镇地区在新建日间照料中心时统筹考虑布局医疗服务功能，支持现有日间照料中心利用富余资源改扩建医疗服务设施。

"医养签约"模式。支持养老服务机构与医疗卫生机构按照方便就近、需求匹配、互惠互利等原则开展签约合作；推动所有养老服务机构至少与1家医疗机构建立协作合作，养老服务机构和协议合作的医疗卫生机构普遍建立双向转介绿色通道。

（六）强化养老服务配套措施

养老服务的配套措施涉及用地用房支持、财政税收支持、人才队伍建设、信息化支撑四个方面。

完善用地用房支持政策。合理确定养老服务设施用地规模、标准和布局，优化存量设施利用机制，鼓励盘活利用乡村闲置校舍、厂房等建设敬老院、老年活动中心等乡村养老服务设施，将居家社区养老服务设施建设纳入城乡社区配套用房建设范围。

强化财政税收支持政策。坚持"尽力而为、量力而行"，多渠道筹集资金推动养老事业发展，县级以上人民政府用于社会福利事业的彩票公益金，主要用于支持发展养老服务和医养结合服务。落实落细支持养老服发展的税费优惠政策。

加强人才队伍建设。完善人才激励政策和养老服务人员薪酬待遇政策，鼓励医学院校毕业生从事医养结合工作，支持未继续升学初高中毕业生、城镇登记失业人员等从事养老服务业，引导普通高校、职业院校、开放大学等设置老年相关专业和课程。

强化信息化支撑。统筹建设全省智慧养老服务平台，实现专业机构运营，政府、机构和个人共用，融合养老服务供需对接、政府行业监管和服务功能。搭建老年人健康管理平台，建立居家老年人健康档案，并与相关医疗机构实现数据共享。

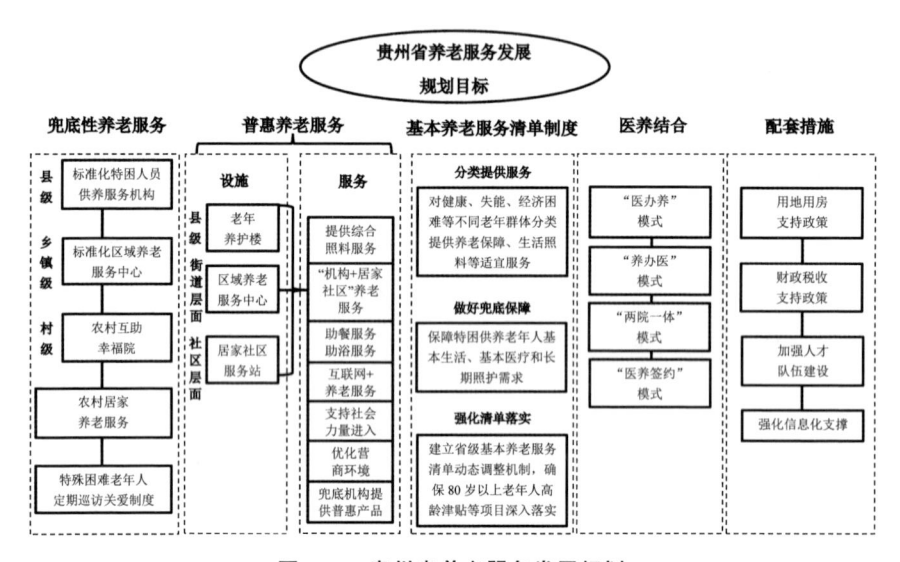

图 6-1　贵州省养老服务发展规划

资料来源：笔者整理绘制。

二　养老服务发展的探索实践与创新举措

围绕"打造全国养老基地"和"国际一流康养目的地"的目标，贵州省建立了"以居家为基础、社区为依托、机构为补充、医养相结合"

的养老服务体系，建成了一批养老产业示范基地和创新型养老服务企业，形成了层次分明、布局合理、多业融合的创新型养老产业体系。2020年，全省养老床位20万张（比2015年增长28%），护理型床位2.5万张。根据《贵州省养老服务创新发展工程专项行动方案》，[①] 2020—2022年贵州省养老产业建设进度不断加速，养老机构数量攀升（见表6-2），养老服务业呈现良好发展势头。贵州省养老服务的创新举措可以从"谁来办""在哪办""持久办""融合办""依法办"五个方面进行总结。

表6-2　　　　2020—2022年贵州省养老服务发展进度

项目	2020年	2021年	2022年
健康养老小镇（个）	5	15	30
养老产业集聚区（个）	5	10	15
重点项目投资（亿元）	33	36	39
养老服务企业（万户）	0.11	0.12	0.13
养老服务就业人数（万人）	1	1.1	1.2
招商引资规模（亿元）	50	100	200
县级以上示范性养老机构（个）	10	50	100

资料来源：《贵州省养老服务创新发展工程专项行动方案》，2020年6月19日，http://www.qdn.gov.cn/zwgk_5871642/zdlyxxgk/mzsw_5872184/shzz/202110/t20211008_70761488.html。

（一）聚焦"谁来办"，发挥多元主体力量

一是支持各类主体入场。为了促进营利性养老机构及外资养老机构发展，政府集中清理了在养老设施招投标、政府购买养老服务中妨碍公平竞争的各种规定，为参与养老服务的境外资本提供与境内资本同等的优惠政策。目前，贵州省形成了一批产业链长、覆盖领域广、经济社会效益显著

[①] 《贵州省养老服务创新发展工程专项行动方案》，2020年6月19日，http://www.qdn.gov.cn/zwgk_5871642/zdlyxxgk/mzsw_5872184/shzz/202110/t20211008_70761488.html。

的产业集群，养老产业成为促进经济社会发展的重要力量。

二是促进公办机构改革。贵州省鼓励社会力量通过租赁、联营、合作等方式参与公办养老机构改革，促进符合条件的公办养老机构转制成为企业或开展公建民营。2020年，贵州省养老服务市场全面放开，公建民营养老服务机构217家，民建民营养老服务机构126家，政府运营的养老床位占养老床位总数的比例已降至40%以下。

三是完善投资融资机制。贵州省支持商业银行与政策性融资担保机构开展合作，推出符合养老服务机构需求的担保贷款产品，并鼓励社会资本采取发行企业债券等方式筹集资金，发展养老服务。此外，贵州省获得了世界银行3.5亿美元、法国开发署1亿欧元的联合融资贷款，并成立贵州省养老服务产业发展基金，充分发挥财政资金杠杆作用构建融资平台（见专栏6-1）。

专栏6-1：世界银行、法国开发署贵州养老服务援助项目

2021年，世界银行及法国开发署联合融资32亿元，助力贵州完善和健全基本养老服务体系建设。贵州养老服务体系建设项目是世界银行在养老服务领域的全球首个结果导向型规划贷款项目。其中，世界银行融资3.5亿美元，法国开发署融资1亿欧元。总融资规模接近5亿美元，约32亿元人民币。该项目聚焦"扩大基本养老服务的覆盖面，提升养老服务的质量，增强养老服务的效率"三大结果领域，并且设置了7项支付关联数量指标，主要活动内容涉及"开展需求评估、制定基本养老服务清单、质量标准体系建设、省级云平台建设、开展零基预算、开展运营管理改革、建立监测评估体系"多个方面。

世界银行从六大方面助力贵州探索建设具有中国特色的基本养老服务体系，包括加强养老服务体系化、网络化建设，促进居家社区机构养老相协调；加快养老人才队伍培养，提高专业化水平和服务质量；合理安排筹资，确保财政可负担和可持续发展；养老服务信息体

系建设，支撑养老服务的提供和管理；推动养老服务体系和机制改革，促进医养、康养相结合；完善法律法规，保障可持续发展。

成果一：完善了养老服务高质量发展的"四梁八柱"。推动出台《贵州省养老服务条例》，对养老服务进行全面系统规范，成为全国最早以立法形式规范养老服务的省份之一，得到了民政部的充分肯定。制定《贵州省养老服务体系建设规划（2021—2025年）》等多个综合性政策规划，印发《关于建立健全养老服务综合监管制度促进养老服务高质量发展的实施意见》等文件，逐步确立了以养老服务条例为纲领、政府政策规划为基础、各种专项文件和标准为支撑的养老服务政策体系，全面搭建起贵州养老服务高质量发展的"四梁八柱"。

成果二：形成了一批养老服务质量标准。印发了《贵州省基本养老服务清单》，结合老年人实际需求，2023年将基本养老服务项目从8项增加到19项，进一步扩大了基本养老覆盖面。聚焦长期照护服务和经济困难的失能、失智等特殊困难老年人服务需求，会同有关部门完善了长期照护服务清单，明确了分类、分层的照护服务内容。颁布实施了《老年人照护需求等级评定规范》《养老机构等级划分与评定规范》《居家社区养老服务质量日常监测评价规范》《养老机构服务质量日常监测规范》《农村特困供养机构（敬老院）服务规范》5项养老服务领域贵州省地方标准。

成果三：建成了一批标准化养老服务机构。在城市，重点完善城区老年养护楼—街道嵌入式养老机构—社区养老服务站；在农村加快建设县级中心敬老院—乡镇区域性敬老院—村级农村幸福院，进一步构建完善覆盖城乡的养老服务设施网络。2020年以来，全省整合项目资金和各级财政资金12.9亿元，提质改造430个标准化养老机构设施，新增护理床位2.7万张，被国务院表彰为"落实养老服务业支持政策积极主动、养老服务体系建设成效明显的地方"。

成果四：发展了一批医养结合示范。出台了《贵州省加快推进医养结合机构发展若干措施》《贵州省居家老年人医养服务实施方案》等，积极开展医养结合试点示范。目前，创建了5个医养结合示范县，确定了53个医养结合服务试点单位、9个省级医养结合服务示范单位、20个智慧健康养老服务试点单位和8个安宁疗护试点单位。全省现有医养结合机构135家，二级及以上综合性医院设老年医学科比例从2020年的24%增长至2023年的39.18%，建成800个老年友善医疗机构。

成果五：培育了一批社会化养老服务实体。坚持"外引内育"相结合，全面放开养老服务市场，大力推进"公建民营"，采取承包、联营、合资、合作等方式，先后成功引入美国魅力花园、德国蕾娜范、吉林幸福里、上海和佑等国内外知名养老企业，培育了康园、百善坊、金太阳等一批本土品牌。积极开展"民办公助"，制定民办公助补贴政策，增强了民办养老机构发展动力。印发《贵州省公建养老机构委托运营管理指南（试行）》等文件，完善运营管理机制，激发公办养老机构活力。目前，全省共有公建民营养老机构209个、民办养老机构136个，共有床位3.6万张。

成果六：打造了一支专业化养老服务人才队伍。依托法国公共卫生高等管理学院、法国宜世高等学院专家团队，大力开展护理员骨干队伍培训。参训的护理员普遍反映专家团队培训方式生动形象，培训内容丰富实用，针对性强、收获很大，业务能力提升显著。制定了《贵州省养老服务技能人才培养三年专项行动实施方案》，积极实施养老服务技能人才储备计划、养老服务从业人员技能提升激励计划和养老服务行业标兵奖励计划三项计划，提高养老护理员的职业荣誉感归属感。目前，全省养老行业就业人数已经突破1.2万人。

成果七：探索了一批养老改革创新成果。推进老年人能力评估，依托法开署技术援助，以国家医保局和民政部出台的《长期护理失能等级评估标准》为基础，融合法国老年人评估工具的先进经验，开发出符合贵州省情的老年人能力评估工具，已大范围推广使用。推进养老服务领域零基预算改革，印发《民政部门养老资金零基预算与统筹管理指南（试行）》，改变过去"基数+增长"的预算编制方式，实施养老资金零基预算管理，提高民政养老资金使用效率。2021年起，贵阳、遵义、六盘水、黔南、黔西南5个市（州）按照零基预算要求，科学合理编制年度养老项目年度资金预算和绩效目标，共整合中央财政补助、地方财政预算、各级民政部门福彩公益金和项目贷款44.64亿元，统筹实施养老服务机构设施改造提升、特困人员供养服务等养老项目，取得了良好的社会反响。2025年全省各级民政部门将全面推广实施零基预算。《政府购买服务指南》《养老服务投资管理指南》《养老服务质量规范指南》等即将发布。

资料来源：贵州省人民政府，https://www.guizhou.gov.cn/zwgk/zdlygk/shsyjzdms/mzjj/ylfwgl/202305/t20230524_79872644.html。

（二）聚焦"在哪办"，强化空间要素保障

一是落实供地政策。在编制国有建设用地供应计划时，贵州省优先保障了养老服务设施的用地需求。同时，注重盘活存量空间，依法处置收回的闲置土地，对符合规划要求的优先用作养老服务设施用地。对民间资本举办的非营利性养老机构与政府举办的养老机构，政策规定可依法使用农民集体所有的土地。

二是贯彻建设要求。作为公益性基本公共服务设施，贵州省将养老服务设施纳入城市整体规划中，养老服务设施与住宅同步规划、同步建设、同步验收、同步交付。对新建住宅小区，按每百户不少于20平方米的标准建设养老服务设施；对已经建成的住宅小区，按每百户不少于15平方米的标准配置养老服务设施。

（三）聚焦"持久办"，构建发展长效机制

一是释需求。贵州省整合现有的各类老年人补贴，实现"补床头"

"补人头"向"补服务"的创新转换。2020年,贵州省制定了省级政府购买养老服务指导性目录及购买标准;2022年,政府购买基本养老服务规模达到5亿元。此外,贵州省还开展了老年用品进机构、进社区、进家庭活动,2022年"孝老爱老"购物节销售额达到10亿元。

二是建队伍。贵州省十分重视人才队伍建设,突出招商引智的重要作用。首先,成立全国第一家省级养老服务指导中心及人才培训基地,每年培训健康照护、养老护理、家政服务、婴幼儿照护等各类康养服务人员超过1万名。其次,在全省1/4的二级及以上综合性医院设立老年医学科,筹建省级康养职业技术学院,以教扶智、以智兴产,围绕老年照护、老年用品研发、智慧养老打造"产学研"一体化的产教集团。最后,加强与法国、日本等发达国家的养老服务领域交流,借助世界银行和法国开发署专家资源加快发展养老服务业。

三是优服务。首先,实施老年人居家适老化改造,创建全国示范性老年友好型社区。其次,建设老年友好型社会,建成老年大学省、市、县、乡、村五级办学网络,实现县级以上老年体育活动中心全覆盖,引导养老服务企业拓展医疗康复、文教娱乐等多种服务。最后,依托志愿者服务平台,为行动不便的老年人提供"一对一"助餐助浴志愿服务。

四是增福利。贵州省已实现企业职工基本养老保险省级统筹,企业退休人员基本养老金、城乡居民基础养老金稳步提高。针对高龄老人,在6个市(州)、81个县(市、区)建立80周岁以上高龄津贴制度,年发放津贴3亿元以上,全省大部分政府投资的旅游景点、公园等向60岁以上老年人免费开放;针对困难老人,贵州省已将65万名经济困难老年人全部纳入低保,全省的基本医疗保险参保率一直稳定在95%以上;针对农村老人,支持社会资本在农村兴办综合养老服务机构,推动养老服务与乡村旅游、绿色农产品开发融合发展,通过城市资源辐射带动农村养老服务事业和产业均衡发展。

(四)聚焦"融合办",协调贯通周边服务

一是发展"养老+"融合产业。"养老+"融合产业是指养老服务与

文化、旅游、餐饮、体育、家政、教育、养生、健康、金融、地产等行业融合发展的新型产业模式。贵州省充分发挥市县两级养老产业发展的主体责任，通过招商引资等方式推动创新型养老产业项目落地，拓展旅游健康养老、森林康养、体医康养、温泉康养、中医康养等新型消费领域。2022年，全省已建成30个健康养老小镇、15家养老产业集聚区，招商引资规模突破200亿元，全省投资额在5000万元以上的健康养老产业项目开工建设总数超过100个，每个市（州）投资额在1亿元以上的健康养老产业项目开工建设总数超过5个。

二是创新"互联网+养老"服务模式。贵州省依托大数据优势与贵州广电网络公司合作构建"互联网+智慧养老"综合信息服务管理平台，加快互联网与养老服务的深度融合，创新服务模式，培育服务新业态。"互联网+养老"的主要优势在于，能够汇聚线上线下资源精准对接养老服务需求与供给，为老年人提供"菜单式"就近便捷养老服务。2022年，贵州省已成功打造5个省级、15个市级智慧健康养老试点示范养老机构。

（五）聚焦"依法办"，有力保障老人权益

一是健全涉老政策支撑体系。在应对人口老龄化国家战略的指导下，贵州省出台了一系列促进老龄事业和养老服务体系发展的法律法规、规章制度和政策措施，形成党政齐抓共管的格局。如颁布实施《贵州省老年人权益保障条例》《贵州省老年人优待办法》《贵州省深化养老服务改革发展若干措施》等法规政策文件。

二是加强老年人权益保护。贵州省将欺老虐老侵权列入打击刑事犯罪和社会综合治理的重要内容，从严查处侵犯老年人合法权益的案件。同时，积极开展养老服务法治宣传教育和老年人识骗防骗宣传教育，严厉查处向老年人欺诈销售各类产品和服务的违法行为。如建立省市县乡四级老年人法律援助中心（站），县级老年法律援助覆盖率达100%。

综上所述，贵州省养老服务的创新举措可以归结为以下三个方面。

一是体制机制创新。省级层面成立由党委政府领导挂帅，相关部门参加的养老产业发展领导体制和工作机制，加强各部门横向、纵向协作和各部门数据资料的"聚通用"，为深化养老服务业改革，支持贵州省发展公平、高效、可持续的养老服务产业提供可持续的创新机制。

二是智慧养老创新。依托贵州大数据优势，利用颠覆性技术，建立省级养老云平台，为政府的统筹管理、质量提升、信息获得等提供方便，为机构、客户的使用提供便捷，为服务供应商提供一个公开透明的竞争平台。

三是服务模式创新。推动养老服务业态创新、模式创新，打造康养融合、医养结合、智慧养老省级示范基地，建立"住、养、医、护、康"五位一体的养老服务新模式，完善与省情、社情、民情相适应的养老服务体系，不断满足老年群体日益增长的、多元化的养老服务需求。

三 养老服务发展的政策体系

贵州省着力完善各类养老服务政策措施，省政府和地方政府制定了若干优惠扶持政策措施。在省级政府层面，发展改革、人力资源和社会保障、财政、自然资源、住房和城乡建设、卫生健康委等部门按照职责分工加强协作配合，研究制定具体政策措施，完善和落实相关优惠政策，促进养老服务提质增效。在地方政府层面，重点落实土地供应政策、配套建设养老服务设施政策及税费优惠政策，包括：细化落实土地供应政策，将各类养老服务设施建设用地纳入城镇土地利用总体规划和年度用地计划，并按国家规定减免相关土地费用；细化落实新建城区和居住（小）区建设单位按标准配套建设养老服务设施政策，与住宅同步规划、同步建设、同步验收、同步交付使用；细化落实税费优惠、投融资等优惠政策措施。具体而言，贵州省加快完善法律政策体系的主要创新措施有以下几点。

推进人大立法。《贵州省养老服务条例》已列入省人大重点立法计划，这是贵州省养老服务领域第一部地方性法规，该条例通过立法建立健全养老服务扶持保障政策体系，推动养老服务体制改革，激发各类服务主体活力，促进养老服务业健康发展。

建立长期护理保险制度。长期护理保险为失能人员享受基本生活照料和日常护理等服务提供保障，黔西南州是贵州省唯一的"第二批全国长期护理保险试点城市"。按照"1+N"方式，[①] 黔西南州加快制定完善长期护理保险政策体系。2021年3月，长期护理保险从全州23.8万名参保职工中开始推行，为失能人员及家庭提高生活质量护航撑伞。

制定养老服务业改革措施。出台《贵州省关于深化养老服务业改革发展实施意见》，组织实施《贵州省养老服务创新发展工程专项行动方案》《贵州省深化养老服务改革发展行动计划（2019—2022年）》和《贵州省养老产业发展专项行动计划（2020—2022年）》，破除养老服务业发展瓶颈，激发市场活力和民间资本潜力，促进养老服务业健康发展。

完善养老服务政策体系。贵州省细化落实养老服务设施配建、用地、税收、金融等方面的优惠政策和扶持措施，近期重点编制《关于支持社会力量发展养老服务业的政策措施》《关于全面放开养老服务市场提升养老服务质量的实施意见》《贵州省深化养老服务改革发展若干措施》《贵州省养老机构预收资金管理暂行办法》《"十四五"贵州省老龄事业发展和养老服务体系规划》《贵州省促进养老托育服务高质量发展实施方案》等。

针对上文提到的政策文件，表6-3按政策措施所属类别进行了归纳总结，构建了贵州省养老服务发展支持政策体系的基本框架。

---

① "1"是《黔西南州长期护理保险制度试点实施方案》，"N"是《黔西南州长期护理保险试行实施细则》《黔西南州长期护理保险定点服务机构管理办法（试行）》等系列配套文件。

表6-3 贵州省现行养老服务扶持政策措施清单

政策措施	具体内容	文件索引
降低机构准入门槛	支持社会力量：将支持社会力量发展养老服务业纳入国民经济和社会发展规划，将社会力量兴办的养老服务领域全部向社会资本开放；2021年年底前，集中清理废除在养老服务机构公建民营、政府购买养老服务设施招投标、政府购买养老服务中涉及排斥营利性养老服务机构参与竞争等妨碍统一市场和公平竞争的各种规定和做法	①黔府办发〔2015〕5号《关于支持社会力量发展养老服务业的政策措施》 ②黔府办发〔2018〕17号《省人民政府办公厅关于全面放开养老服务市场提升养老服务质量的实施意见》 ③黔养老联发〔2020〕1号《贵州省深化养老服务改革发展若干措施》
	改革公办机构：政府投资建设的养老服务设施可采取承包、委托运营、合资合作等方式交由社会力量管理运营。鼓励社会资本通过租赁、联营、合资合作等方式参与公办养老机构改革，加快推进具备改制条件的公办养老服务机构转制成为企业或开展公建民营，修订完善贵州省养老机构设施公建民营实施办法，拟定合同范本	
	鼓励境外投资：鼓励境外投资者在贵州独资投资或合资开办营利性养老机构，并可从事养老服务有关的境内投资。发展规模化、连锁化养老机构，建设优质养老品牌；境外资本在内地通过公建民营、政府购买服务、政府和社会资本合作等方式参与养老服务，设立的养老机构在接收政府兜底保障对象时，享受同等优惠政策	
加大建设用地支持	落实养老设施供地政策：编制年度国有建设用地供应计划时应当优先保障养老服务设施用地需求。政府依法处置收回的闲置土地，符合规划要求的，优先用于养老服务设施用地。民间资本举办的非营利性养老机构可依法使用农民集体所有的土地	黔养老联发〔2020〕1号《贵州省深化养老服务改革发展若干措施》
	优先保障社会力量用地：对社会力量兴办的养老服务项目，按床位数100张、300张和500张的标准分别入县（市、区）、市（州）和省级服务业重点项目，优先给予用地保障。各地在制定城市总规划、控制性规划时，必须按照人均用地不少于0.1平方米的标准分区规划设置养老设施	
	盘活现存土地资源：鼓励社会力量改造闲置医院、厂房、学校及其他可利用的社会资源，用于养老服务业	黔府办发〔2015〕5号《关于支持社会力量发展养老服务业的政策措施》

续表

政策措施	具体内容	文件索引
	给予建设补助：对社会力量兴办的非营利性养老机构，符合相关资质条件的由省级按每张床位3000元的标准给予一次性建设补助；市、县两级同时给予一次性建设补助，合计补助金额不低于3000元。对符合条件的护理型养老机构，享受民办医疗机构优惠扶持政策，并由市、县两级额外给予运营补贴和一次性建设补助	黔府办发〔2015〕5号《关于支持社会力量发展养老服务业的政策措施》
	设置奖励政策：对社会力量投资5000万元以上兴办的养老机构，由市、县两级政府结合实际给予一次性奖励；中小企业发展专项资金优先扶持符合条件的养老服务企业	
	降低经营成本：对社会力量兴办的养老机构，当年新招聘用符合相关要求的人员数达到机构现有在职职工总数的30%（超过100人的机构15%）以上，并签订1年以上期限劳动合同，给予金额不超过200万元，期限不超过2年的小额担保贷款，并享受财政贴息。社会力量兴办的养老机构提出贷款展期要求且符合条件的，经办金融机构可按照相关规定展期1次，展期期限不超过1年，展期不贴息	
加大资金扶持力度	放宽信贷条件：鼓励银行业金融机构通过放宽信贷条件，给予利率优惠等多种方式支持社会力量兴办的养老发展。允许养老机构利用有偿取得的土地使用权、产权明晰的房产等固定资产办理抵押贷款。国土资源、房产管理部门应予办理抵押地登记手续	
	完善投融资机制：支持商业银行与政策性融资担保机构开展合作，推出符合养老服务机构需求的担保贷款产品。鼓励利用社会资本采取众筹发行企业债券等方式筹集资金发展养老服务。充分利用贵州省养老服务产业发展基金、世界银行持续发展贷款、国家开发银行支持贵州省养老服务行业发展的专属金融贷款服务，落实好《中国银行支持贵州省养老服务业发展金融服务方案》	黔养老联发〔2020〕1号《贵州省深化养老服务改革发展若干措施》
	落实税费优惠政策：养老机构在资产重组过程中，将全部或部分实物资产以及与其相关联的债权、债务和劳动力一并转让给其他单位和个人的，其中涉及的不动产、土地使用权转让，不征收营业税；符合相关条件的不征收契税；经批准筹建设立的养老机构中专门为老年人提供生活照顾的场所占用耕地免征耕地占用税	黔府办发〔2015〕5号《关于支持社会力量发展养老服务业的政策措施》

续表

政策措施	具体内容	文件索引
加大资金扶持力度	保障投资者权益：对社会力量兴办的非营利性养老机构，在扣除举办成本、预留单位发展基金以及提取其他有关费用后，如仍有收支结余，可由养老机构按政策对举办人给予一次性奖励和年度奖励。社会力量投资兴办非营利性养老机构运营满5年后，在保证不撤资、不影响法人财产权稳定和养老机构正常运营的前提下，经养老机构决策机构同意，出资人产（股）权份额可以转让、继承、赠与	黔府办发〔2015〕5号《关于支持社会力量发展养老服务业的政策措施》
加强人才队伍建设	加大培训力度：将社会力量兴办的养老机构管理人员、护理人员及其他各类提供养老服务组织的从业人员纳入政府培训教育规划，对取得相应职业资格证书的养老护理员给予培训补贴。对养老机构就业的医生、护士、康复医师、社会工作者等专业技术人员，执行与医疗机构、福利机构相同的执业资格 建立专家决策咨询机制：健全养老服务从业人员培训机制和继续教育制度，支持举办职业技能培训竞赛活动。到2022年，打造5家以上养老人才实训基地；拟订贵州省康护职业技能培训计划，每年培养培训健康照护、养老护理、婴幼儿照护等各类康养服务人员1万名，对所有养老机构负责人轮训一遍	
提升居家社区养老服务能力	建立居家社区养老服务中心：在街道层面建设具备全托、日托、上门服务及对社区养老服务提供技术支撑等综合功能的居家社区养老服务中心，在社区层面建立嵌入式养老服务机构。积极引导社会力量广泛参与居家社区养老服务，打造以社区为平台、社会组织为载体，社会工作者为支撑的居家社区养老服务"三社联动机制"。探索"物业服务+养老服务"和互助养老服务模式，将失能老年人家庭纳入政府购买养老服务目录 推进居家和社区适老化改造：采取政府补贴等方式，对所有纳入特困供养、建档立卡范围的高龄、失能、残疾老年人家庭，按照《无障碍设计规范》实施适老化改造。鼓励有条件的地区通过开展居住区无障碍改造、增设养老服务设施、结合老旧小区改造加装电梯等措施，为老年人打造友好型居住环境	黔养老联发〔2020〕1号《贵州省深化养老服务改革发展若干措施》

续表

政策措施	具体内容	文件索引
积极推进医养结合	促进医养融合发展：加强医疗卫生机构、养老服务机构间的多层次深度合作，全面提升养老机构医疗服务能力，深入推进居家健康养老服务。到2022年，养老机构护理型床位占比不低于40%；养老机构普遍开通双向转介绿色通道，所有医疗机构能够以不同形式为入住老年人提供医疗卫生服务	黔养老联发〔2020〕1号《贵州省深化养老服务改革发展若干措施》
建立长期照护服务体系	建立长期照护服务标准、服务规范、质量评价等行业规范，建设完善居家、社区、养老机构相衔接的专业化长期照护服务体系。加强长期护理保险制度与长期照护服务体系有机衔接。积极引导发挥社会救助、社会福利、商业保险、慈善事业、社会补充作用，解决不同层面照护服务需求。支持黔西南州开展长期护理保险制度试点，鼓励发展商业性长期护理保险产品，为参保人提供个性化长期照护服务	
提升农村养老服务供给	拓展农村养老服务范围：推动养老服务与乡村旅游、绿色农产品开发等产业融合发展。依托农村优势资源，大力发展乡村养老、城乡互助养老等新型养老模式，支持社会资本在农村兴办面向全社会的综合农村养老服务机构，鼓励城市居民到农村养老。通过城市资源辐射农村，带动促进农村养老事业和产业均衡发展	
	健全农村养老服务网络：统筹乡镇特困人员供养服务机构（敬老院）资源打造区域性养老服务中心，集中置特困人员；闲置资源可采取公建民营的方式增加日托、上门服务功能，发展适合农村特点的邻里互助式养老开放。鼓励有条件的农村敬老院向社会开放。鼓励社会力量参与农村养老服务设施建设，引入社会组织、村民自治组织建设、管理养老专业和专业管理服务提升养老服务能力。鼓励支持上门护理服务，乡镇卫生院、乡村卫生院和养老机构护理人员为农村居家失能失智老年人提供上门护理服务，对其家庭成员提供护理指导。建立城市与农村养老机构对口合作机制，提升农村养老服务水平	
	创新农村养老模式：支持农村集体经济组织、村民自治组织建设、引入社会资本和专业管理服务提升养老服务能力。鼓励支持上门护理服务，乡镇卫生院、乡村卫生员和养老机构护理人员为农村居家失能失智老年人提供上门护理服务，对其家庭成员提供护理指导。建立城市与农村养老机构对口合作机制，提升农村养老服务水平	

续表

政策措施	具体内容	文件索引
"养老+"融合发展模式	促进养老服务与文化、旅游、餐饮、体育、教育、家政、养生、健康、金融、地产等行业融合发展：创新和丰富养老服务产业新业态，拓展旅游健康养老、森林康养、体医康养、温泉康养、中医康养等新型消费新领域，充分发挥市县两级发展养老产业的主体责任，通过招商引资新方式推动养老产业项目落地。创新"互联网+养老服务"模式：加快互联网与养老服务的深度融合，汇聚线上线下资源，精准对接需求与供给，为老年人提供"菜单式"就近便捷养老服务，启动智慧健康养老试点示范养老机构。鼓励支持企业研发生产可穿戴、便携式监测、居家养老监护等智能养老设备以及适合老年人的日用品、食品、保健品、服饰等产品	黔养老联发〔2020〕1号《贵州省深化养老服务改革发展若干措施》
加强养老行业监管	成立各级政府牵头、相关职能部门组成的养老服务安全管理工作机制，制定"履职照单免责、失职照单问责"的部门责任清单。按照"谁审批谁监管、谁主管谁监管"原则，引导养老服务机构落实安全责任，主动防范消除本机构在建筑、消防、食品、医疗卫生等方面的安全风险和隐患。加强从业人员、涉及资金和运营秩序监管，加强突发事件应对。压实机构主体责任，发挥行业自律和社会监督作用	
加强老年权益保护	从严查处侵老年人合法权益案件，将虐老侵老犯罪列入打击刑事犯罪和社会综合治理重要内容。积极开展养老服务法治宣传教育，做好老年人法律援助工作。严厉查处向老年人欺诈销售各类产品和服务的违法行为，规范养老服务机构服务行为纠纷处理活动。广泛开展防诈骗宣传教育活动	

资料来源：作者整理。

四 政策体系面临的问题与挑战

随着中国人口负增长时代的到来以及老龄化、少子化趋势的加深,建设与老年群体需求特点相适应的老龄事业和养老服务体系日益重要和紧迫。根据《贵州省2021年民政事业发展统计分析》,[①] 截至2021年年底,全省共有各类养老服务机构和设施1.11万个,养老床位合计16.24万张,65岁及以上老人中每千人拥有床位数达到35.8张。虽然贵州省的养老服务机构发展速度较快,机构数量呈逐年上升趋势,但仍然存在发展不足、质量不高等问题,与养老服务需求相比还存在差距。

(一)农村养老服务水平不高

贵州省民族地区分布广泛,农村老年群体具有受教育程度较低、收入较低、单身老人占比高、慢性病患者占比高的特点,这部分老年群体的生活照料难以得到充分帮助,精神慰藉方面的需求也较高。然而,受人口密度低、公共资源少、消费能力弱、专业力量引进难等特点的影响,目前农村地区养老服务配套设施不足、专业化养老水平滞后,难以有效满足农村老年人服务需求。

在供给能力方面,家庭、社区和机构提供的农村养老服务均存在供给不足的问题。一是随着空巢家庭增多、家庭规模小型化,家庭养老的功能在逐渐弱化;二是农村互助养老力量薄弱,互助领域狭窄且内容有限,缺乏社会氛围支持;三是机构养老服务社会化程度较低、市场发展不足、服务辐射能力较弱,难以为不同特点的老人提供差异化供给。

在供给主体方面,农村养老供给主体存在责任不清、协同不足的问题。农村养老供给主体包括家庭、政府、社会和市场,在现实政策操作

[①] 《贵州省2021年民政事业发展统计分析》,2022年11月21日,http://www.yanhe.gov.cn/jgsz/xzjdbsc/hpjd_5675468/zfxxgk_5675477/fdzdgknr_5675480/czcl/202211/t20221121_77159362.html。

中，责任边界划分存在模糊地带，缺位、越位、错位现象广泛；同时，各供给主体之间的协同不够，存在家庭和政府协同不足、家庭和社会协同不足以及政府和社会协同不足等问题。

（二）居家社区服务供给不足

居家社区养老服务高度依赖地方政府财政的支持。目前，贵州省居家社区养老服务存在供给能力不足、供给水平不高、供给效率较低、供给协同较少、供需匹配性弱等问题，难以满足日益增长的养老需求，同时存在可持续性方面的严峻挑战。

供给能力不足。目前贵州省社区养老服务机构和设施1.01万个，社区养老服务机构和设施床位数7.71万张。相对贵州省2023年17667个城乡社区和495万名65岁及以上老年群体，仍然存在缺口。

供给水平不高。许多社区养老中心仅提供简单的身体检查和一些棋牌类的文娱活动，康复理疗、精神慰藉等老年人最需要的服务并不能有效开展，老年食堂的开展率也较低。总体上，居家社区养老服务的专业性较弱。

供给效率较低。虽然贵州省对居家社区养老服务体系的投资较大，但效果不够理想，资金效率不高。部分社区养老中心对服务人群缺乏有效鉴别，也基于考核驱动等因素而无精细区分的动力，导致不太急需照护的活力老人占用过多照护资源，造成服务供给效率低。

供给协同较少。居家养老、社区养老、机构养老的提供者分别属于不同主体，存在目标、理念的差异。如机构养老的供给者以社会资本为主，社区养老的供给者以街镇和社区组织为主，居家养老的供给者则来自民政、卫健、老龄委、社区等多条线。多元服务主体之间的协同性较低，制约了供给能力的扩张，造成浪费。

供需匹配性弱。当前居家社区养老基本由政府作为公共服务来提供，按照公共服务均等化的要求，居家社区养老服务以标准化的形式提供，这与社区老人的个性化需求相悖，难以满足老年人日益多样化的养老服务需求。

(三) 优质医疗照护资源缺乏

医护专业人才短缺。随着贵州省高龄老年人和失能、半失能老年人的增加，养老服务产业需要大量专业人员从事长期照料和护理。这样的老龄化发展趋势要求养老服务机构在为老年人服务方面做到以下两点：一是能够为老年人提供专业化的住养服务；二是养老服务人员必须具有专业的照料和护理知识。尽管贵州省的养老服务机构在增加，但是专业的养老服务人员并没有随之增长。养老护理员数量短缺，养老机构中的医生、护士、营养师、康复师、心理咨询师、社会工作师等专业人才缺乏，难以开展康复护理、医疗保健、精神慰藉等多样化、个性化服务，需求与供给失衡。

医养资源分布不均。老年群体罹患高血压、糖尿病、关节炎等慢性病的概率较高，对优质医疗资源的需求量大。然而，贵州省医疗资源水平在西南地区处于落后位置，医疗资源供给不及周边的四川、重庆和云南等地。此外，贵州省内优质医疗资源集中于贵阳等少数大型城市。截至2021年年底，贵州省共有医院床位23.2万张，其中贵阳市有4.1万张，占全省的17.8%；全省共有养老机构1002家，其中251家位于贵阳市，占全省的25%；全省共有三甲医院32家，其中14家位于贵阳市，占全省的44%，省内医疗资源分布不均。[1]

(四) 老年友好型社会建设有待加强

发展氛围尚未有效形成。目前，贵州省民办养老机构依然存在用地审批难、设备设施简陋、社会力量参与不足等问题。与发达地区相比，贵州省社会组织、社工专业力量参与养老服务差距明显，养老服务企业、养老服务产品研发和生产、养老产业集群发展等领域的参与度较低，尚未形成社会化养老机构设施和养老食品、药品、用品等其他类型养老服务企业积

---

[1] 《贵州统计年鉴2022》，贵州省统计局，http：//www.guizhou.gov.cn/zwgk/zfsj/tjnj/；《贵阳统计年鉴2022》，贵阳市统计局，https：//www.guiyang.gov.cn/zwgk/zfxxgks/fdzdgknr/tjxx/tjnj/。

极参与的健康氛围。

老年人面临的数字鸿沟问题尚未解决。中国正在经历智能技术的快速发展,贵州省又是全国数字经济发展最为迅速的省份。2021年,贵州数字经济加速突破,增速连续六年位居全国第一。然而,当老龄社会问题与智慧社会建设任务叠加重合时,原本能够降低成本、提升效率的技术方案或产品服务成了老年人群的巨大阻碍,形成新的数字鸿沟,使老年人在许多涉老高频事项与生活场景中难以获取信息和服务。

五 小结

"十四五"时期,中国60岁及以上人口比重将超过20%,即进入中度老龄化阶段,高龄老人规模急剧增长,养老服务供需矛盾愈加突出。党的十九届五中全会提出实施积极应对人口老龄化国家战略,"积极"的应有之义包含更加主动、更具前瞻性地破解人口结构变化带来的严峻挑战,在改革与发展中破解中国特有的养老难题,加快完善养老服务体系,补齐人力资源供给短板,推动养老服务业发展成为国民经济支柱产业,妥善处理好"家庭保障"与"社会保障"之间的关系,不断提高老年人生活品质。

贵州省深入实施积极应对人口老龄化国家战略,进一步健全养老服务体系,促进老年人获得感、幸福感、安全感的提升,重点从密织兜底性养老服务网络、健全普惠养老服务设施网络、加大普惠养老服务供给、健全基本养老服务清单制度、深入推进医养结合、强化养老服务配套措施等方面提升养老服务供给质量和水平。

贵州省从"谁来办""在哪办""持久办""融合办""依法办"五个方面推出养老服务改革的创新举措,形成了层次分明、布局合理、多业融合的创新型养老服务产业体系。针对"谁来办",发挥多元主体力量,改革公办养老机构,完善投融资机制,促进社会资本进入养老服务市场。针对"在哪办",坚定不移贯彻养老服务机构建设要求,落实供地政策,强化养老服务设施的空间要素保障。针对"持久办",从释需求、建队伍、优服务、增福利四个角度构建养老服务发展的长效机制。针对"融合办",大力发展"养老+"融合产业及"互联网+养老"服务模式,协调贯通周边服务产业链。针对"依法办",进一步健全涉老政策支撑体系,有力保障老年群体合法权益。

尽管贵州省的养老服务机构发展速度较快,机构数量呈逐年上升趋势,但仍然存在发展不足、质量不高等问题,主要表现为农村养老服务水平不高、居家社区服务供给不足、优质医疗照护资源缺乏以及老年友好型社会建设有待加强。随着中国人口负增长时代的到来以及老龄化、少子化趋势的加深,建设与老年群体需求特点相适应的养老服务体系是贵州省面临的重要课题。当前及未来一段时期养老服务体系需要重点关注以下几个方面。

一是依托社区开展居家养老服务。居家养老与社区养老应该紧密衔接,采取社区"嵌入式"养老服务能够有效解决家庭与社会脱节问题,发挥社区养老、居家养老和机构养老的多种功能,也符合中国传统家庭观念。通过引入市场竞争机制,鼓励专业化、标准化的养老服务企业入驻社区,支持"互联网+养老服务"运营模式,依托养老服务云和大数据平台提供精细化的养老服务项目,实现政府、社会、社区与家庭的养老资源整合利用,依托社区平台提供生活照料、精神慰藉、心理调适、康复护理、临终关怀等多样化服务,满足不同健康状况老年人的养老服务需求。

二是支持养老机构市场化运营。政府主导的公办养老机构主要面向城乡困难家庭老人,民营养老机构面向普通家庭,满足多样化、多层次养老需求,公办机构与民营机构之间的关系是相互补充,而非相互挤压。养老床位供给的规划目标要充分考虑老年人口的年龄结构、健康状况以及区域分布,避免导致资源闲置和浪费。民营养老机构完全按照市场规则定价收费,对民营养老机构既不要过度行政干预,也不要过度补贴激励,"床位补贴"或"人头补贴"政策要逐渐退出,政策支持的重点是消除行业壁垒,降低制度性成本,鼓励和引导民间资本进入养老服务行业,培育壮大多样化、专业化的市场主体，营造公平竞争的市场环境，破解当前公办机构"一床难求"和民营机构"空置率高"的矛盾局面。

三是全面推行长期照护保险制度。制度应该保障基本的长期照护服务需求，筹资模式由单位和个人缴费为主，政府给予适当补贴。待遇支出要基于科学的评估方法与认定标准，建立评估专业人员队伍，对老年人生理、心理、精神、经济条件和生活状况等进行综合评价，依托社区公共服务平台建立评估点，采取政府购买服务、社工介入等方式鼓励社会力量参与。现有针对特困供养老年人、重度残疾老年人等护理补贴政策直接纳入长期照护保险制度。

四是加强养老服务专业人才培养。人力资源是养老服务最大的供给短板，"十四五"时期养老服务体系建设的重点是补齐人才短板，建构教育部门高端人才培训体系，鼓励高等院校和职业院校开设相关专业，设立社会福祉专业和国家福祉师资格认证，培养看护经理、护理鉴定师、福祉师等新兴人才。营造就业式中端培养体系，面向城乡未就业女性、"4050"大龄人员或退休后再就业人员，开展专业护理技能培训，在就业带动中壮大专业人员队伍。构建全社会普及低端培养体系，采用线上和线下相结合方式开设护理知识和技能课程，让失能老人家庭成员学习掌握技能，鼓励社区志愿者、退休老年人参与课程学习。

第 七 章

贵州养老服务机构典型模式与经验探索

养老服务机构是养老服务体系的关键供给主体,长期面临着供需不匹配的突出矛盾,深层次原因在于养老服务市场的边界界定不清晰、公共属性与市场属性模糊甚至相互挤压。贵州省鼓励养老服务机构探索实践,提供了多种典型模式的"样板",为我们深入研究养老服务机构体制机制问题提供了较好的"案例"。

一 观山湖区养老服务中心:100%床位利用率

养老机构作为养老行业中的市场主体之一,盈利是其生命线;而机构能否盈利,很大程度上取决于床位的利用率——这也代表了机构的受欢迎程度。观山湖区养老服务中心面向中高收入老年人群体,实现了100%的床位利用率,在贵阳市养老服务市场上具有较强的竞争力。

(一) 基本情况

观山湖区养老服务中心(以下简称"中心")地处贵阳市观山湖区万寿竹路六号,位于碧海花园社区内,临近地铁站和公交车站,步行5分钟可达金阳商业步行街、华联超市,步行10分钟可达碧海商业广场、万达广场,娱乐购物比较方便;出社区即达将军山,步行半小时可达观山湖公园、阅山湖公园,便于健身和亲近山水;开车5分钟可达贵阳市第二人民医院,便于老年人就医和处置突发情况。

"中心"占地面积约20000平方米,环境良好,有六栋单体建筑,包含1栋综合养护大楼、2栋养老公寓、3栋老年别墅,共有300张养老床位、120张医疗床位。综合养护大楼一楼为药房、检查化验科室,三楼为各部门办公室,四楼为老年医院;综合楼二楼设置有餐厅4间,配备2个餐厅包房供老年人与亲人团聚使用,二楼还设有乒乓球室、棋牌室、读书阅览室、手工益智室、综合会议室(兼电影播放室)、党员活动中心和超市等,以满足老年人日常娱乐需求及生活需求。养老公寓的养护房间南北朝向,窗户为全景落地玻璃,采光充足;养护房间类型有单人间、标间、夫妻房和四人间,以及别墅豪华套房;各栋楼均配备了医用电梯和无障碍设施;房屋内配备了水暖、空调、床头呼叫器、32英寸液晶电视、舒适软床或医用床(根据客户需要进行调整)、免费高速网络及Wi-Fi,独立洗手间配备了马桶、医用扶手、独立暖水淋浴,过道内配备有医用扶手、防滑地胶;住宿楼栋内转角或其他危险区域配备了防磕碰装置;"中心"共设有103个监控摄像头,可以第一时间发现老年人在公共区域发生的突发事件,及时派遣人员进行处理。

"中心"在整个西南地区率先引入国际先进的医护结合、持续照料(CCRC)模式,按照自理、半自理、全护一级、全护二级、特护一级和特护二级分区域统一管理。"中心"配备了专业医疗机构,组建了内科、检验科、舒缓照料室和护士站等12个职能科室,组建了医生、护士、康复锻炼师和药剂师等30多人构成的专业医护团队。"中心"与省市各大医院合作开设了绿色通道,大病送大医院就诊不用排队、手术不用排队、住院不用等床位;此外,"中心"提供远程会诊服务,与定点医院建立了双向转诊合作关系。

通过不断学习和探索,"中心"于2019年建立了西南地区首个标准化养老服务体系,同时在2020年成为贵州省内唯一的一个国家养老服务业标准化试点项目。此外,"中心"为观山湖区养老协会会长单位,促进了区内其他养老机构的发展,起到以点带面的作用,加速了整个观山湖区养老服务体系建设的进程。

(二) 运行模式

"中心"由观山湖区政府投资建设、贵州瑞颐鑫医疗健康管理有限公司运营管理,是"公建民营"型专业化养老机构。运营公司投资5000万元,依靠优质服务和过硬的综合实力,打造了一个中高端养老服务机构,获得了较好的口碑,成为观山湖区首家入住率达100%的养老机构。

1. 人员配备与服务内容

"中心"致力于满足不同老年人的养老需求,让入住老年人享受优质照料服务,配置社工师、照护师、水疗师、心理咨询师、营养膳食师、健康管理师、医师、康复师和护士九大类专业人士,为老年人提供生活起居、医疗护理、康复训练和文娱活动等全方位的服务,让老年人安享健康幸福的晚年生活。

在部门设置方面,"中心"设有财务部(负责"中心"的各项收支)、医疗部(负责老年人的常规检查、突发疾病、日常医疗护理、康复保健)、后勤部(负责各类生活物资采买、餐饮服务以及器物维修)、社工部(开展个案工作和小组工作,协助老年人适应"中心"生活)、养老行政部(分管老年人入住的各楼层、关注老年人的身心健康、向"中心"反映老年人需求、及时与老年人家属沟通老年人的情况、负责接待老年人家属和参观人员、办理老年人入住的相关手续、进行相关技能培训),安排有三个院长分管各项工作。

"中心"现有护理人员48人(全护老年人按1∶4的比例配置、自理老年人按1∶10的比例配置),其工作主要内容有:定时为老年人打扫房间;及时收取老年人换洗衣服并送至洗衣房集中消毒清洗;每天分时段为老年人打开水;用餐时间由护理员为全护老年人去餐厅打饭和照看老年人吃饭,不能自主进食者,由护理人员喂饭或者使用鼻饲管进行辅助进食;通知自理老年人开餐时间,如自理老年人不能前往餐厅则由护理人员代为打餐（需另付费用）；及时回应老年人需求（老年人所住房间的床位均配置一键呼叫系统）；及时关注老年人身体情况，如遇特殊情况及时与值班人员、医生取得联系；每晚定时定点查房，及时跟踪老年人动态情况，防止老年人在夜晚发生意外。

2. 老年人入住情况与入住动机

2017年10月，"中心"入住率达100%，且有排队等待入住老年人数十名。2020年之后，由于新冠疫情防控的需要，"中心"部分时间不能接收新入住老年人，在住老年人人数略有减少。2022年8月30日，"中心"在住老年人284人，其中自理老年人152人，半自理老年人10人，全护老年人122人；平均年龄为85岁，90岁以上老年人有70人，100岁以上老年人有2人。"中心"入住老年人绝大多数为缴费老年人，有一小部分政府兜底供养的老年人。"中心"入住老年人大部分受过较高程度的教育。

大多数老年人选择入住"中心"主要原因是"为了不麻烦子女、不想成为他们的负担"，也有小部分老年人是来体验养老机构服务、为今后选择长住养老机构做准备的。

不想成为子女负担的老年人。案例A：84岁，女，有三个孩子，两男一女，老伴已去世，每个月有退休工资7000多元，入住"中心"已有四个月。A的大儿子是高校教授，二儿子是公务员，女儿家庭经济情况中等；两个儿媳妇是公职人员，独生子女。A主动为亲家考虑，让儿子好好孝敬，毕竟亲家只有一个孩子；结婚后亲家也都和儿子儿媳住一起。由于生活习惯的差异以及性格不合，A和亲家相处不融洽，但基本上不跟孩子们说，怕儿子为难，和儿媳吵架，再三考虑之下，A选择来到养老院生活。儿女对此一致反对，一方面觉得自己面子上过不去，另一方面觉得这样是对母亲的不孝，为此女儿和儿子还跟A说目前社会上养老院的各种负面新闻。A跟大儿子说，你作为大学教授，怎么对养老机构还持这种态度，现在去养老机构养老是一个大趋势，你将来也要去的。经过再三考虑最终A还是选择来"中心"生活。A逐渐适应了

"中心"的生活，对"中心"很满意。A 说，来此之前，大部分老年人对养老院都比较害怕，害怕受虐待，住了之后才发现，社会上对于养老院的负面新闻不能全信。

案例 B：93 岁，女，入住"中心"已七年，是"中心"合唱团和走秀队的成员。B 每天坚持锻炼，目前身体状况良好，平常特别喜欢种花，心态乐观，为他人着想，深受"中心"其他老年人的尊重。通过访谈了解到，老伴去世后，B 就入住"中心"了，她觉得子女有自己的工作要忙，不想给子女添麻烦，自己在家也孤单，索性来"中心"养老。B 认为来到"中心"生活后，自己学到了很多东西，开阔了眼界，每天饮食规律，又有各种活动，觉得很幸福。

体验式和候鸟式养老的老年人。案例 C：86 岁，女，江苏人，来"中心"近一个月。C 身体健康，家庭和睦，之前居住在香港，来"中心"的目的主要是考察和提前体验一下养老院生活，为今后选择养老机构做准备。C 认为贵阳气候比较凉爽，适合避暑，打算今后只要能动，夏天就到贵阳来养老，其他时间去别的地方。来"中心"之前 C 已在贵阳的几个高端养老机构体验过了。在入住的近一个月里，C 对于"中心"的环境以及工作人员的服务比较满意。相较其他养老机构，C 认为"中心"在饮食、活动安排、老年人的理疗服务上更为精细，但费用更高，小型而高端。

3. 盈利状况

"中心"的主要收入来自入住老年人的床位费、餐费和不同护理等级的服务费，采取月费制，也可在规定允许的情况下一次性多交，并获得一定的优惠。"中心"严格执行国家发展改革委和民政部《关于规范养老机构服务收费管理促进养老服务业健康发展的指导意见》的要求，床位费、护理费、伙食费原则上按月度收取，也鼓励老年人或家属按季度、半年度缴纳，但一般情况下预收费用都不超过 12 个月。根据房间类型和护理等级，当前"中心"月费在 3000—8000 元，具体收费标准如表 7-1 所示。

表7-1　　　　　观山湖区养老服务中心收费标准　　　　　　　　单位：元

区域	护理等级	月费	月费（预付年费）
公寓楼标间	自理	3280	3080
公寓楼标间	包间	6560	6160
公寓楼四人内间	自理	2780	2580
公寓楼四人外间	自理	2580	2380
寓楼标间	半自理	4380	4180
公寓楼标间	半自理包间	8760	8360
公寓楼标间	全护二级	5880	5580
公寓楼四人内间	全护二级	5680	5380
公寓楼四人外间	全护二级	5580	5280
公寓楼标间	全护一级	6880	6580
公寓楼四人内间	全护一级	6680	6380
公寓楼四人外间	全护一级	6580	6280
公寓楼标间	特护二级	7880	7580
公寓楼四人内间	特护二级	7680	7380
公寓楼四人外间	特护二级	7580	7280
公寓楼	特护一级	面议	面议
别墅区一楼	自理	5880	5680
别墅区二楼	自理	5380	5180
别墅区三楼	自理	4380	4180
别墅区一楼	半自理	6980	6780

除了上述收费，"中心"为有特殊饮食要求的老年人提供单独的点菜服务（需单独付费）；"中心"还会预收部分备用金，主要用于老年人突发情况和老年人的购买药物、送餐服务等。据养老服务行业资深人士估算，该"中心"共投入4000万—5000万元，每年净利润达400多万元，能实现长期稳定的盈利。

(三) 典型做法与创新

1. 建立完善的标准化管理体系，规范管理过程

"中心"有健康膳食管理、医疗护理管理、生活照料管理、评估管

理、健康档案管理、风险控制管理、行政管理、安全应急管理、财务管理、企业人才培训晋升管理、退院管理、PDCA质量管理等18大标准化管理体系，涵盖养老服务各方面，形成了闭环管理体系。"中心"获得商标注册证书，成为中国西南地区首个有标准化体系的养老产业集团。该体系目前已经推广复制到集团公司在铜仁、遵义、毕节等地区的养老机构，不断提升各机构的养老服务质量及服务能力。

2. 引入专业社会工作者，提升为老服务质量

"中心"成立社工部，有3名专业社会工作人员，均具有社会工作专业硕士学位和初级社工师证。社工部主要根据老年人情况开展小组工作、个案工作、重大节日活动策划和老年人入住前七天适应情况跟踪等。在服务过程中，社工充分发挥社会工作的专业价值，灵活运用相关工作技巧，获得老年人的一致好评。社工在日常活动中动员老年人充分参与，从积极发言到签名，充分让老年人感受到自己的价值。2022年，在社工部的精心策划下，为全护楼层老年人提供音乐陪伴计划，组建了老年人音乐陪伴计划志愿者小组，动员自理老年人积极参与，发挥自理老年人余热，也保证了活动长期和可持续地进行。在日常的楼层走访中，社工把社会工作专业的理念分享给护理员，护理员在潜移默化中接受并改变了自己的观念和行为，为老服务质量得到提升。

3. 探索"机构+社区+居家"养老服务模式，开发机构服务能力

"中心"根据"以居家为基础、以社区为依托、以机构为支撑"的养老政策要求，积极探索"机构+社区+居家"的养老全产业链模式，提供更多的养老服务，满足居家老年人的需求。"中心"结合贵阳市开展的"一圈两场三改"①活动，配合社区打造15分钟养老服务圈，以机构作为圆心，辐射社区，带动居家养老服务，建设机构、社区、居家的三级联动机制。目前已投入资金15万元，安排站点专职人员2

---

① 2021年贵阳市提出的改善民生政策，即围绕"教业文卫体、老幼食住行"打造15分钟生活圈，建好停车场和农贸市场"两场"，加快推进棚户区、老旧小区和背街小巷改造"三改"工作。

人，流动工作人员若干（根据项目业务开展进行安排），探索出人财物共用机制，已辐射到周边10个社区养老服务站点。该模式可以有效地减少社区设备投入，更好地调动人力资源，避免浪费和重复投入。在该模式中，社区所有大型活动可以借调机构的人，"中心"在接单后可以让调休出来的护理员承接任务（护理员可根据任务领取工资之外的相应报酬），开展上门养老服务。这种模式充分利用了"中心"闲置资源，拓展了养老服务链条，节约了成本，有效地为社区和居家老年人提供了更多的养老服务。

4. 开展各类活动，满足老年人的精神需求

"中心"是贵阳市首家提供精神文化养老服务的机构，开展了各种文娱活动和特色活动。

开设老年社团。"中心"先后成立了合唱团、太极队和走秀队等社团，定期开展活动。合唱团在星期一、星期三、星期五上午组织练习唱歌（主要以经典红歌为主）；太极队每天上午吃完早餐15分钟后开始练习；走秀队在星期二和星期四上午9点开始开展活动。在"中心"组织的节日庆典等大型活动中，社团里的老年人是文娱节目单上的主力军。

开展特色活动。"中心"开设了各类有利于健康生活的活动，周一和周四下午观看航拍中国（目前院里最受欢迎、参与人数最多的活动，老年人积极性高）；周二下午观看电视剧或者电影（战争片、清宫戏，或者当下的热门电视剧）；周四上午做手指操（学一些歌曲手语操，如《感恩的心》）；周三下午做手工（每周都更新样式）。除了以上固定的活动，"中心"还举办特色比赛以及节假日主题活动：特色比赛有趣味比赛、棋牌比赛（象棋、麻将、跳棋）等；主题活动根据节假日类型开展相关服务，如元旦、庙会等。此外，"中心"不定期开设心理健康课，让老年人正确认识老年心理特征，积极面对自己身体、心理和社会角色的变化。

提供展示平台。不少老年人有书法、写作等方面的特长和爱好，"中心"定期组织书法展示、手工作品展示和文学作品展示等，设置专门的

橱窗展示老年人的作品。"中心"组织老年人创立了一本名为《烛光》①的内部杂志,主要刊载院里老年人结合国家政策方针、个人人生感悟以及养老院生活情况撰写的诗歌、散文等。

(四) 思考与启示

1. 存在问题

饮食相对单一。"中心"老年人的一日三餐基本上是统一的,特护老年人会做些流食或者一些容易消化的食物,如有特殊要求可以到食堂点餐,提供送饭上门服务。根据对退出"中心"老年人的访谈得知,退出"中心"的老年人主要是因为饮食的原因:饮食不习惯;觉得"中心"的伙食不好,中餐和晚餐的饭菜不合口味;早餐样式单调;量少,没考虑营养搭配;所有老年人吃的都是一样的,没有区分度。基于成本和操作上的考虑,"中心"目前在饮食方面没有采取合适的措施来进行改善。

文娱活动水平有待提升。"中心"部分老年人认为文娱活动比较单一、趣味性不强。通过活动签到表统计分析,"中心"文娱活动覆盖率比较低,参与人员相对固定,还有相当一部分自理老年人一直都没有参与过相关活动。"中心"有工作人员带领的文娱活动主要是唱歌、做手工、影视赏析以及做手指操。老年人认为项目可选择的不多、活动吸引力不大、活动的组织性不强、"中心"没有安排专门的人负责、设备不够好。如"中心"组织的集体养生操,一般是每天早餐后播放音响,老年人自行锻炼,每次一个小时左右,积极参与的有15人(这15人比较固定),且没有男性老年人参与。

员工薪酬激励不足。"中心"员工福利待遇相对较低。护理员月薪3000—4000元[基础工资+绩效+送餐费(3元/次)],工龄长的多300元左右;这一薪酬主要吸引的是40—60岁、学历较低的女性。其他行政工作人员的月薪大多数也在3000—4000元,普遍反映工资低、任务重,

---

① "烛光"是"中心"的一位老年人起的名,寓意是把"中心"的老年人比作烛光,烛光虽小,依旧能散发光芒,温暖人心。

福利待遇少，40岁以下的工作人员基本没有能坚持长期做下去的。如值班室的日常工作主要是处理"中心"的突发情况以及日常查房，目前值班室有3名员工，轮换夜班以及白班，月薪在4000元左右，每天基本上是24小时在岗；由于工作性质以及工资比较低，员工频繁辞职情况比较普遍。

医养结合面临屏障。"中心"虽然是贵州省较早实施医养结合的机构，但由于经验、资金投入和人员投入的问题，取得效果不佳。"中心"的医院没有对外开放，基本上处于亏损状态，人力物力匮乏，为老服务上难有提升；后来"中心"把医疗外包出去，医疗部成为一家独立核算的实体，主要考虑盈利，且专业人员不足，与"中心"的养老服务结合得不太好。养老服务和老年人的医疗都需要重资产投入，如何充分利用养老资源和医疗资源、如何探索具有市场生命力的医养结合模式是亟须解决的问题。

2. 启示

完善"中心"养老服务的思考：一是定期开生活会征求老年人的意见，及时了解老年人的需求；在选材和烹饪方式等方面多下功夫，丰富口味和菜品；对于每天的食材可以开设玻璃橱窗，贴好食材明细，让每一位老年人吃得放心、安心、暖心。二是通过雇用专人进行组织和策划，提供更多的活动，提高活动的趣味性、针对性、吸引力，提高老年人的参与度。三是通过合理的薪酬设计来提高岗位的吸引力，加大福利供给，激发员工的积极性。四是通过学习与借鉴，探索资源有效利用、各方互利共赢、更有生命力的医养结合模式。

综合来看，"中心"具有鲜明的特征：一是精准定位、错位竞争，服务于中上收入层级的高龄退休老年人，在细分市场上深耕，入住率达100%；二是采用"公建民营"的模式，通过政府出场地、建基础设施，市场主体投资养老服务设施和运营，将投资大、风险高、回报周期长的重资产养老服务行业导入良性运行的轨道；三是积极探索"机构+社区+居家"的养老服务模式，拓展养老服务机构的业务范围和丰富养老服务内容。这些特征对养老服务行业的健康发展具有一定的借鉴意义。

二 纳具·和园：康养结合+特色小镇

康养小镇在全国如火如荼地发展，受到了市场资本的青睐，方兴未艾。全国各地涌现的康养小镇类型不一，主题和特色主要有生态、宗教文化、长寿文化、温泉、医养结合等。纳具·和园康养小镇在保留少数民族村落建筑和文化的基础上，融入生态、中医药康养等养生元素，树立了一个康养小镇建设与发展助力乡村振兴的典型模式。

（一）基本情况

纳具·和园康养小镇（以下简称小镇）位于贵州省黔西南自治州兴义市则戎镇纳具村，[①] 由贵州桓源建设工程有限公司建设、贵州椅山康蕊酒店管理有限公司管理运营，是民盟中央关心支持、黔西南州招商引资建设的重点康养项目。在全国大力倡导大健康产业的背景下，贵州省不断促进养老服务与文化、旅游、餐饮、体育、家政、教育、养生、健康、金融、地产等行业融合发展，创新和丰富养老服务产业新模式与新业态，拓展旅游健康养老、森林康养、体医康养、温泉康养、中医康养等新型消费领域，积极推动养老产业项目落地。在国家和地方政策支持和引导下，小镇于2019年7月正式开工建设。

小镇总用地面积为129204平方米，总建筑面积为16116平方米，环绕小镇的森林占地面积约6000亩。小镇分三期建设，总投资约8.5亿元。一期建设以"一心（接待中心）、两轴（景观发展轴、生态发展轴）、四片区（中医养生区、森林康养区、智慧养老区、药膳食疗区）"为主体内容，总投资约2.5亿元，于2021年开放运营；二期以休闲娱乐和中药种植、研究、生产、加工、销售为主，总投资约2.3亿元；三期以智慧养

---

① 纳具，布依族语音译，意为田坝边上的集市（场坝）；纳具村是一个具有600多年历史的布依族古村寨。

老、民俗演艺、中草药展览、会议培训、康养公园等为主,总投资约3.7亿元。截至2022年10月,一期已正式运营,二期和三期的建设正在推进中。小镇已完成69栋康养旅居小院的改造提升和1栋康养公寓的建设,并投入使用,能够满足200人的入住需求;小镇有一个能容纳60人的大会议室,一个容纳30人的小会议室,并且设有接待中心、自助烧烤区、素食餐厅、药膳餐厅、首都名中医工作室、中医理疗区、中医大讲堂、糖尿病(三高)理疗区、健康养老区、蔬菜生态种植实践区、游客避暑区、观光区、历史文化保护区、森林康养步道等。小镇坐落在群山之中,房屋错落有致,布局规划合理。

小镇地处北纬25度、海拔1200米的黄金气候生态带,植被覆盖率达85%,每立方厘米含有被人们称为"空气维他命""长寿素"的负氧离子达3.8万个以上,年均气温17℃—19℃,属亚热带季风性气候,四季分明,空气湿润清新,是难得的避暑、度假、养老、养生胜地。小镇毗邻著名的AAAA级旅游风景区万峰林,仅3000米之遥,距兴义市城区11000米,距机场8000米,交通便利。

小镇集乡村度假、生态观光、农事体验、养生康体、休闲娱乐为一体,是贵州省康养产业商会常务副会长单位、民进黔西南开明画院创作基地、黔西南州硬笔书法协会创作基地、贵州省劳模(职工)疗养基地、贵州省康养示范基地、2020年度贵州省示范健康养老产业聚集区。小镇已成为黔西南州大健康产业的代表性项目,常年有全国各地的团队前往小镇体验、调研和学习。

(二)运作模式

1. 得天独厚的选址

小镇所在地(纳具村)是明清"安平九寨"①之一,是布依族聚居

---

① "安平九寨"之称始于晚清民国时期,是指兴义城区南面万峰林腹地,如今则戎镇境内的安章、平寨、纳具、卧嘎,以及万峰林街道办辖区内的鱼龙、乐立、上纳灰、中纳灰和下纳灰九个布依族自然村寨。

村寨的典型代表,是国家级非物质文化遗产"八音坐唱"① 的发源地之一,也是非物质文化遗产"布依打铁"② 传承地。村寨碑刻林立,有"查氏宗祠碑"(被列入省级文物保护名录)、"那志寨晓谕碑"、"那志永远遵照碑"、"卖明那志全庄田土山场契约碑"、"吴炯心纪念碑"等;村寨内有一株近七百年树龄、需七八人才能合围的古榕树,自然景观丰富,背靠山峰巍峨峻拔,林木葱郁,山水澄明。

2. 独具匠心的建设

贵州桓源建设工程有限公司入手该项目后,在当地政府的支持下,为纳具村村民在一处临近村庄且交通便利的地方平整土地、规划新宅基地、修建道路、配齐基础生活设施、开通公共交通,并补助每户 20 万—30 万元重建新房。公司通过流转承接了村寨全部老式民居楼房(30 年使用权),在原址上进行整体修复和性能提升改造,在保留村寨原有布局的基础上修建道路,布设现代化的给排水管道系统和电路,将居民院落进行园林式绿化,以星级酒店的标准布局房间内饰。这一方式保留和修复了布依族民族特色文化建筑群,既保留了当地民俗文化、历史物件,留住了民族文化特色,同时又兼顾了现代住所的舒适感。

3. 来源广泛的客户群体

小镇致力于打造一个以中医康养和森林康养为特色,集养老、民宿、养生、文旅、娱乐等于一体的高端康养基地,其目标消费群体主要是具有中高端消费能力的健康和亚健康群体。小镇提供良好的居住环境、具有保健功能的膳食服务和特色中医服务项目,能更好地满足注重养生、追求品质生活、对身心体验要求较高的健康群体,以及工作压力较大、缺乏应有

---

① 又叫"布依八音",是布依族世代相传的一种民间曲艺说唱形式,原型属于宫廷雅乐,以吹打为主。元明以后,逐渐发展为以丝竹乐器为主伴奏表演的曲艺形式。流传于南、北盘江的贵州兴义、安龙、册亨、望谟等布依族聚居区一带。2006 年 5 月 20 日,贵州省兴义市申报的布依族八音坐唱经国务院批准列入第一批国家级非物质文化遗产名录。

② 是指布依族的打铁技艺。布依族打铁技艺技术精湛,产品工艺考究,所打刀斧、农具,具有轻便、灵巧、钢火适中、刀口锋利、经久耐用等特点。打铁作为布依族一种古老的民间技艺,一直是维系整个布依族人民生存的重要手段,也是布依族传统经济文化的重要体现。

锻炼或患慢性病的亚健康群体。

案例 A：男，65 岁，兴义本地人，因糖尿病到小镇来调理，在这里订购了一个疗程，即吃、住、护理一体的综合服务，共 15 天。一个疗程的所有费用是 1 万元，包含院落式单间（一个较为豪华的单间、一个较大的会客厅、独立卫生间、与另一单间共用的庭院）、专家指导的饮食食谱、15 天的理疗、15 天的中药调理。A 觉得住在这里感觉很好，空气清新，环境与小时候住的农村一样，比较放松，调理的效果也很好。

案例 B：女，57 岁，重庆人，因颈椎病和睡眠质量不好等问题来小镇休养。B 对住在小镇感觉很满意，觉得比宾馆好很多，空气、环境各方面都不错，在这里还能有专业的中医指导进行调理。B 住的是康养公寓，住宿和饮食费用包含在疗程费用中（根据疾病的严重程度和服务项目进行收费）。食堂在小镇的中心，每周有专门的食谱，个人自取。B 目前已经做完两个疗程，现在正在做第三个疗程。B 认为自己的健康状况严重一些，所以花的时间较长，整体感觉效果不错。

小镇的客户群体除了注重养生的人群，一些企事业单位的员工培训、团建和省内外中小型会议等活动也选择在此进行，也有不少年轻人来此短期体验。

4. 颇具特色的服务项目

贵州是一个多民族共居省份，世居的少数民族有 17 个，其中苗族、侗族、布依族、彝族、水族民族医药资源极为丰富。少数民族世代居住于偏僻山区，在长期医疗实践中留下了宝贵的民族医药知识，各民族医药在疾病认识、诊疗方法、方药应用上既相互渗透又各具特色。小镇以中医康养为主线，重点打造养生养老、养生药膳、中医药生态拓展、农耕文化体验等精品项目，将山水美景、特色美食、中医中药、养生体验等巧妙融合。此外，小镇推出了药膳、中医美容、理疗温泉、药浴、中药种植体验等特色服务，为广大游客提供了中医健康生活体验新模式。小镇中医药特色服务项目及适应症状（人群）如表 7-2 所示。

表 7-2　　　　纳具·和园康养小镇部分中医药特色服务项目

项目	理疗类别	适应症状（人群）
点筋调理	高血糖调理、亚健康调理、脾胃调理等	三高人群、肥胖、失眠、疲劳、腰膝酸软、肩颈酸胀、脾胃虚寒等
艾灸	各部位艾灸	湿气重、失眠、焦虑、气血不足、免疫力弱等（健康人士做艾灸也可防病、延年益寿）
苗药熏蒸	苗药熏蒸、肩颈部保养、腰部保养、脾胃保养、背部推拿刮痧、拔罐	风湿、类风湿、关节病、月经不调、宫寒、胃寒、四肢冰凉、免疫低下、脾虚肥胖、失眠、腰膝酸软、长斑长痘、齿痕舌、舌苔白厚等
苗医调理	拔罐、腰椎病、膝关节	腰椎间盘突出、硬骨膜受压滑脱、椎管狭窄、腰肌损伤、骨质增生、坐骨神经痛、股骨头坏死等
设备调理	智能体验一体机健康筛查、舌脉象经穴体质辨识采集分析仪筛查、智能通经络治疗仪调理、生物共振能量仓调理、升阳气血调理等	神经衰弱、失眠、颈椎病、痛经、高血压、腰腿痛、湿气重、软组织损伤及偏瘫等人群的辅助治疗和保健
足浴	足浴熏蒸	精神压力大、睡眠质量差、肥胖、疲劳等

资料来源：纳具·和园相关工作人员访谈。

小镇的住宿分为传统院落和康养公寓两种，收费标准按院落和入住房间类型收取。69 个院落有两个、四个和八个房间三种类型，其中最大的一个院落包含八个房间、两个客厅、一个餐厅、一个茶室。小镇中的公寓楼收费对标三星级酒店收费标准，具体费用在淡季、旺季均有不同。2022 年小镇推出了老年人康养项目，专为"三高"人群和老年人服务，对满 60 岁的人在此长住的价格是每月 3000 元（含吃住和基础调理），得到了市场的积极回应。

5. 不断创新的经营机制

一是多点联动发展。通过统筹区域内旅游资源要素，加强与万峰湖、万峰林、马岭河峡谷三大旅游板块的联动，拓展和延伸乡村生态旅游带。二是持续升级改造。整合民俗记忆、历史人文等不同特色资源，打造独具特色的"纳具布依族文化历史",积极建设高规格森林康养特色村,持续改造提升现有的 69 户老旧民房。三是多产兼容。积极开发蔬菜产业实践区、水果种植园为农业观光采摘体验游;深入推进"一村一品"工程,研发生产以农副土特产、中药材为原材料的特色旅游商品,如铁皮石斛酒、天麻宴、艾草贴、纳具米酒、椅山康蕊绿茶等;多措并举建成大健康产业体系,做大做强森林康养小镇。

(三) 典型做法与创新

1. 盘活闲置资产

纳具村有着六百多年的历史,人文底蕴深厚、生态环境优良,但一直以农业为主,基础设施薄弱。在城市化进程中,许多村民陆续搬到交通便利的地方生活,村里的住宅逐渐破败乃至废弃。康养小镇建设项目将人口不断迁出、逐渐衰落的传统少数民族村落整体流转,在保留原有文化、村庄布局、村寨生态和建筑原貌的基础上,引入现代化的酒店标准进行建设和管理,道路、水、电、通信等基础设施大幅提升,生态和传统文化得以保持,传统村寨旧貌换新颜,重新焕发出活力,吸引了外省内众多游客来此康养和体验,使得村庄的传统文化和生态资源成为优质资产。

2. 发挥中医药优势

小镇以中医、中药为重点元素,依托省内丰富的中医药资源,建设以中医康养为特色的高端康养基地。小镇推出了药膳、艾灸、苗药熏蒸、苗医调理、刮痧、拔罐、足浴等特色服务,为中老年人、亚健康群体、工作压力大的年轻人等群体提供中医健康生活体验新模式。小镇在生态保护、森林康养、乡村文旅等领域结合中医药文化,聘请全国知名机构中医名家入驻小镇,将中医药文化资源与生态康养理念深度融合,使得中医药、苗医药文化在小镇发展中彰显魅力、独树一帜。

3. 助力乡村振兴

小镇的建设和运营提供了就业机会,改善了当地居民的经济条件。小镇第一期建设累计用工 6 万余个,均为来自周边村寨的群众,一期项目可常年解决 160 个岗位用工，人均年收入可达 8 万元。2022 年，小镇预计新增森林旅游、康养体验、休闲度假 30 万人次，预计实现旅游收益 0.8 亿元，项目全域预计创造年税收达 800 万元；项目全部建成后可以为当地人民提供更多的工作岗位，助推当地群众务工增收。

小镇促进了村寨基础设施建设及人居环境改善，迁出的村民也获得了更好的宅基地和进一步发展的条件。小镇也带动了周边旅游、餐饮业的发展，拉动了当地经济，盘活了地方健康养老产业，项目的社会效益显著，溢出效应明显，为当地巩固拓展脱贫攻坚成果同乡村振兴有效衔接提供了持久的动力及能量。

（四）思考与启示

1. 存在问题

整村搬迁存在一定难度，不同村民的利益难以协调。在村民住房流转的过程中，家里房子破败或已废弃的家庭乐意接受政府和公司提供的条件，积极进行了搬迁，但村里还有 4 户居民刚建好新房，对搬迁并不积极，有的因搬迁价格原因拒绝搬迁，也有个别老人不愿意搬离自己生活了很多年的老房子。因此，小镇目前还有 6 户居民未搬迁，这对小镇整体规划和进一步发展有一定的影响。居民的利益诉求不一，整村搬迁存在较大的难度——这也是这种模式复制和推广面临的现实问题。

资金需求大，建设周期长。小镇分三期投入的资金在 8 亿—10 亿元，加上运营投入、宣传等，前期的资金需求大，又加上建设周期长，回报慢，整体风险较大。因此，如何筹措资金、分担风险、引入先进的技术和丰富的管理经验，都是小镇建设和运营需要重点考虑的。

经营和管理人才储备不足。康养小镇建设与运营的核心要素包含生产、生活、生态"三生融合"和产业、文化、旅游、社区"四位一体"，这对建设、经营与管理的康养人才要求较高。当前小镇将重点放在建设上，缺乏具有宏观策划能力、管理能力和运营能力的康养人才。

2. 启示

一是与政府合作、与剩余未搬迁住户加强沟通，通过合理的补偿方案动员搬迁，以利于小镇的整体规划和运营。二是加大政策扶持力度，吸引更多社会资本参与，拓宽融资渠道，引进先进的建设、运营和管理技术，降低小镇在长周期建设和运营过程中的风险。三是加大运营和管理人才的培养与储备，解决小镇康养产业人才短缺、能力不强的问题。

小镇是黔西南州兴义市旅游产业升级的尝试，它把康养产业与乡村振兴结合起来，是当地旅游产业从"旅游"向"旅居"思维转换的一张名片。小镇具有鲜明的特色：一是以整体流转的方式盘活当地闲置房屋资产，既提高了当地居民的经济收入，又为当地的基础设施建设贡献了力量，同时带动了周边旅游业、餐饮业的发展，助力乡村振兴；二是因地制宜，依托当地的生态环境、自然资源、历史文化等进行康养小镇的开发；三是立足中医药康养项目的开发，聘请专家入驻，将中医药文化资源与生态康养理念深度融合，打造以中医康养为特色的高端康养基地。

在老龄化程度不断加深、国家大力支持养老事业和养老产业发展的背景下，康养小镇的建设与运营能拉动地方经济、调整产业结构、促进产业升级、促进养老服务产业发展、推动新型城镇化建设、改善基础设施建设、提高公共服务水平、解决劳动力就业，具有十分重要的意义。本案例的建设模式和开发过程，对各地开展的康养小镇建设具有重要的启示价值。

三 金狮山社区："时间银行"

"时间银行"是国际上一种被广泛应用于解决人口老龄化难题的互助养老模式，20世纪90年代以来，依托互助养老的志愿精神，"时间银行"在中国上海、广州、北京、南京等发达城市落地生根。遵义市红花岗区金狮山社区在2019年10月成立贵州省第一家"时间银行"，开启了欠发达地区"时间银行"的探索之路。金狮山社区"时间银行"的运营管理由政企合作，依托于社区日间照料服务中心，充分调动志愿者为高龄、空巢及特困老年人提供基础服务，是互助养老的一种创新模式。

（一）基本情况

金狮山社区地处贵州省遵义市红花岗区东部，是红花岗区首批城乡一体化"组改居"试点单位之一，属于典型的城郊农村老旧社区。该社区总人口6822人，退休老年人较多，其中80岁以上老年人有149人，60—79岁老年人有751人，且老年人所占比重呈逐年攀升的趋势，人口结构老龄化日渐严重，养老服务供需缺口不断扩大，老年人如何养老成为社区服务的重点工作。红花岗区作为全国文明城市遵义市的中心城区，其居民文明素质较高，据统计注册志愿者已超过10万人，其中实名注册志愿者达9.66万人，注册备案各类志愿服务团队272个，良好的志愿氛围为实行互助养老奠定了坚实的基础。

2019年10月29日，遵义市红花岗区民政局携贵州百孝坊养老服务有限公司，在遵义市长征街道办事处黄泥坡社区举行"五老"志愿者[①]社区行暨"时间银行"启动大会，标志着贵州省正式开启了"时间银行"互助养老探索之路。"时间银行"的基本理念是"以时间换时间、以服务换服务"，其基本模式是以低龄老人为主的志愿者通过为高龄老人尤其是空巢老人提供看护、陪伴、助行、助医等生活照料服务，换取时间（积分）并存入时间银行，在未来自己有养老服务需求时，用储存的时间（积分）兑换养老服务或生活用品，实现互助养老、爱心循环。

截至2022年6月，遵义市红花岗区金狮山社区已有1270名老人志愿者在"时间银行"进行注册，开展长者陪伴、精神慰藉、矛盾调解、邻里互助、心理疏导、走访慰问等各类志愿服务23982人次，累计服务时长10685小时。

---

① "五老"志愿者是指离退休老干部、老战士、老教授、老专家、老模范。

(二) 运行模式

1. 参与主体

金狮山社区"时间银行"互助养老模式的运行主要涉及贵州百孝坊养老服务有限公司的"春风小院"养老服务驿站、社区居委会、社区日间照料中心及老年志愿者群体等主体；其各自的职责是："春风小院"养老服务驿站负责"时间银行"的整体运营和管理，制定"时间银行"运行的制度，以及定期向志愿者提供培训；社区居委会主要负责宣传工作和收集老年人的服务需求，然后向社区"时间银行"负责人反馈，并协助"时间银行"为老年人提供服务；社区日间照料中心负责社区内具体养老服务活动的开展，组织社区内老年人开展"时间银行"互助养老服务；以社区内老党员、老干部、老战士、老教师以及老专家为主的"五老"志愿者群体负责为社区内高龄、空巢、特困老年人提供服务以换取积分，在自己需要帮助的时候换取服务。

2. 志愿者管理

志愿者招募。志愿者招募对象主要是已退休、有爱心、有活力、无严重疾病的老年人。志愿者招募的主要流程是：老年人申请参加志愿者活动，由工作人员负责审核和登记；审核通过的老年人再通过微信关注公众号，进入"个人中心"，在"志愿者信息"一栏中进行志愿者的认证和注册；在登记注册的过程中，"时间银行"注册系统中设置"每周可以服务的时长""周几可以来参加活动"等问题，实现对每个志愿者服务时长、服务时间范围的初步了解。

志愿者培训。金狮山社区志愿者培训的形式主要有两个环节：一是志愿者精神培训，这一环节是在志愿者报名成为志愿者之后，对志愿者进行统一的培训，内容涉及志愿者精神、志愿者权利与义务等内容；二是岗前技能培训，这一环节是在开展具体的志愿活动之前，针对某一具体服务项目，对参与该项目的志愿者群体进行关于服务活动介绍、服务技能、服务过程中注意事项等内容的培训，让志愿者群体能够具体问题具体对待，注意服务中的细节,注重服务的品质。

3. 服务内容

金狮山社区"时间银行"互助养老服务主要有:一是基本生活类服务,志愿者为有服务需求的老年人提供上门服务,包括打扫卫生、做饭、喂食、修理、代为采购等基础性生活服务;二是精神慰藉类服务,志愿者定期慰问社区内高龄、失独及空巢老年人提供心理疏导、陪同聊天等服务,以满足老年人更高层次的精神需求。

4. 积分管理

为了激励社区老年人能够积极参与"时间银行"互助模式,"春风小院"养老服务驿站设置了较为科学合理的积分管理制度。在存入方面,志愿者通过参与志愿服务活动,按照"服务 1 次 = 10 个积分"的标准,将其服务时间转换成积分计入系统;在提取方面,志愿者的服务积分可以通过"积分商城"或者社区"时间银行"小超市去兑换相应的商品,可兑换商品包括生活用品类、生活服务类以及助老服务类。

(三) 典型做法与创新

1. 政企合作:政府购买服务,提升公共服务水平

政府通过出资委托机构提供服务的方式,将原本由政府向社会公众直接提供的一部分社会服务交由具备相应资质的机构来提供,可以让基层政府不再忙于不擅长且繁杂的社会服务,从而有了更多精力去从事本职工作,既减轻了基层工作人员的负担,又提高了社会服务的质量。政企合作可以充分发挥民营企业在养老服务供给中的优势,是一种资源互补的养老服务供给模式。金狮山社区"时间银行"互助养老服务的政企合作优势体现在三个方面:一是分工明确。百孝坊公司的"春风小院"养老服务驿站负责提供专业化的养老服务与管理,社区提供场地支持,民政部门提供资金购买老年人服务项目。二是互利共赢。政府与企业合作一方面有利于发挥政府在平台搭建、资源整合方面的优势,发挥好规划者和协调者的作用,体现了政府承担的职责;另一方面,引入民营企业,政府购买服务为其提供了资金保障,养老服务实现企业化运营与可持续发展。三是提升机构认可度。社工机构长期入驻社区增加了社区居民对机构的熟悉程度,获得了更多民众的认可与赞同,提高了公众的信任度。

2. 提前兑换:提前支付劳动报酬,激发群众的参与热情

"时间银行"本质上是养老服务的储蓄和延期支付,参与者是否愿意可持续性地提供服务,很大程度上取决于"时间银行"的信用保障。当前金狮山社区开展的"时间银行"的运营以社区为单位,未能在大范围内形成统一的联合网络,开展难度大。对提供服务的志愿者而言,对通过自己付出的劳动换取的时间积分在未来自己需要兑换时,是否真的可以兑换相应服务存在疑问;未来的时间越长,不确定性越大,疑虑更多。因此,金狮山社区"时间银行"在积分兑换服务方面进行了创新,允许时间积分提前兑换,根据积分的高低兑换一些生活小商品,如拖鞋、纸巾、洗衣液等;或一些日常的服务,如免费干洗衣服、免费洗剪吹头发等日常服务。这些商品和服务更贴近老年人的日常生活需求,以此作为一种宣传方式,有利于提高"时间银行"在老年人群体中的知晓度,从而激发老年人的参与热情,进而逐步消除信任危机,为"时间银行"这种互助养老模式的可持续性推进奠定了群众基础。

3. 智慧管理:引入智能互联技术,提升供需的精准匹配

中国目前只有少部分经济发达地区(如上海、北京、广州、南京、杭州等地)的"时间银行"运用网络注册、利用互联网发布志愿任务,其余地区的"时间银行"仍然采用纸质方式来进行记录,以纸质积分手册的方式来记录时间货币的存取。"时间银行"纸质记录方式的缺陷显而易见:一方面,人工记录容易错写、漏写,不利于资料的长时间保存,一旦丢失便无法恢复数据;另一方面,这种做法大大增加了"时间银行"工作人员的工作量,使得志愿供给服务与养老需求服务之间的匹配速度和匹配度大大降低。

金狮山社区"时间银行"的智慧管理在很大程度上解决了传统方式所面临的难题,将养老服务信息的供需平台转移到了互联网上。一方面,

志愿者在线上进行认证和注册时会登记其自身特长和能够提供的服务类型，从而形成了服务供给信息的数据库；另一方面，当有老年人出现养老服务需求时，可快速在线上平台进行发布，系统会快速根据志愿者身体情况和擅长的服务类型进行精准匹配；此外，志愿者完成服务后，工作所消耗的时间会自动记录在"时间银行"账户中，可随时随地方便快捷地查询自己的"时间货币"，当将来出现养老服务需求时，志愿者同样可以快速便捷地在线上平台通过"时间货币"换取所需的养老服务。"时间银行"智慧管理相当于在服务范围内打造了一个没有围墙的养老院，使得养老服务的供给匹配效率大幅度提升，不仅有利于提升受助老人的体验感与幸福感，也提升了志愿者在精准快捷的服务供给中的参与感与获得感。

(四) 思考与启示

1. 存在问题

金狮山社区"时间银行"互助养老模式还处于探索阶段，其在运营过程中仍存在一定的问题，主要表现在以下几个方面。

配套制度不完善，模式规范性不足。第一，服务评估制度尚未形成。服务评估制度要求对志愿者的为老服务质量作出评价，并根据评价的结果折算成相应的积分。服务评估机制的形成可以对志愿者的服务行为形成约束，有助于服务质量的提升。在金狮山社区志愿者服务流程中，没有对志愿者服务进行评价，而是在服务活动完成之后直接录入积分。志愿者在提供服务时，是通过"时间银行"工作人员统一安排，采取的是"多对一"的服务形式，即多个志愿者同时服务一个对象，这使得对每个志愿者的服务效果难以衡量。第二，信用担保机制缺失。金狮山社区"时间银行"互助养老模式由"春风小院"养老驿站负责实施运营，相较于政府而言，该机构难以为"时间银行"互助养老模式的长期发展提供信用担保。"时间银行"是一种典型而复杂的信用产品，其实质是劳动成果的延期支付。作为一种信用产品，如果没有第三方权威机构或完善的信用担保机制，必将在未来可预期的时间范围内爆发信用危机。金狮山社区"时间银行"

缺少权威信用担保机构，"时间银行"虽在积分兑换方面实行"半年清零制度"，但是在半年期间，志愿者能否在自己有需要的时候及时地兑换相应服务也是需要有一定担保的。在担保机制不完善的情况下，如果积分无法得到有效的兑换，势必会影响该模式的公信力。

服务项目单一，缺少专业化为老服务。金狮山社区"时间银行"的服务项目由"春风小院"养老驿站根据志愿者的服务能力自行制定，主要服务内容基本停留在日常生活服务和长者陪伴服务上，其中为老助餐、陪伴聊天的活动居多。由于服务对象是高龄、空巢、特困老年人，这些群体在生理与心理上对养老服务的需求更加多元化。例如，"时间银行"工作人员入户调查结果显示，愿意尝试"时间银行"互助养老的老年人群对于家政服务与健康保健的需求程度最高，但目前"时间银行"尚无法提供健康保健类的养老服务，也未涉及心理咨询等专业的服务项目。整体而言，金狮山社区"时间银行"互助养老的服务项目单一，难以满足老年人多元化的养老需求。

老年人参与意愿低，存在接力性风险。金狮山社区老年人参与"时间银行"互助养老模式的意愿较低，整体的参与度不高。"时间银行"工作人员入户调查结果显示：只有约18.3%的老年人明确表示愿意参与，认为"时间银行"互助养老的形式是一种"互惠"的形式，既帮助了别人，也娱乐了自己；其他超过一半的老年人尤其是低龄老年人明确表示不愿意参与。充足的志愿者资源是互助养老模式发展的必要条件，"时间银行"所具有的服务代际交换的性质尤其需要有充足的志愿者资源作为保障。金狮山社区的低龄老年人资源丰富，整合老年人资源为社区内空巢、特困老年人提供服务，是该社区"时间银行"互助养老模式推行的初衷。但从当前该社区的情形来看，低龄老年人参与意愿不高，后续的志愿者资源匮乏，存在着"接力性风险"。

独立性较弱，稳定性不足。金狮山社区并没有建立专门的"时间银行"运行机构，"时间银行"只是社区日间照料服务中心养老服务项目中的一个项目组块，并没有独立的"时间银行"机构和单独的活动空间，与其他项目共享一个办公区域。在"时间银行"管理系统方面,据"春风小院"养老服务驿站负责人介绍,最初他们的管理系统是由其他机构捐赠的,并且与其他机构共用一个管理系统,现虽已建立了自己的"时间银行"管理系统,但在积分记录板块,仍存在其他机构的积分记录数据,系统的独立性有待加强。此外,社区"时间银行"的管理人员是由日间照料中心负责人兼职,并没有招募专门的"时间银行"管理人员。"时间银行"的独立性不足,凸显了当前"时间银行"发展的不成熟,在活动空间、信息平台和管理人员方面的投入少。"时间银行"的独立性不足,会影响其发展的稳定性。

2. 启示

针对金狮山社区"时间银行"存在的问题,可以通过以下方式予以解决:一是完善制度,规范"时间银行"的运行。二是吸纳与培训并重,打造专业化志愿团队,提高为老服务质量。三是采用多元化宣传手段,提高公众认知度,扩大志愿者队伍,确保"时间银行"的可持续性。四是打破地域壁垒,实现更大范围的通存通兑;加大投入,在人员、办公空间、管理系统、经费上保证"时间银行"的独立稳定运行。

中国"时间银行"的发展仍处于起步阶段,覆盖面窄;由于顶层设计缺位,特别是缺乏统一有效的信用担保机制与评价体系,其发展后劲不足。遵义市红花岗区金狮山社区"时间银行"的互助养老探索具有几个鲜明的特征,可供其他地区借鉴:一是通过政企合作,由政府为"时间银行"出资、出场地,民营企业负责"时间银行"的运营管理,共同合作提升社区养老服务水平;二是创新时间积分兑换方式,将时间积分以生活小商品和日常服务等形式提前兑换给低龄老人志愿者,由此激发参与热情,解决"时间银行"的信任问题;三是引入智慧管理,通过智能互联技术的广泛运用来实现养老服务供需的精准匹配。

四 太阳谷安养中心:大数据+智慧养老

随着大数据、云计算、物联网等技术的迅猛发展,如何将现代信息技术融入养老服务行业，应用于智慧养老和医养结合养老服务机构，是现阶段高端养老服务探索的前沿问题。太阳谷安养中心是一家集"平台一站式、医疗专业化、管理酒店式、服务全方位"为一体的高端智慧养老机构，其强大的健康管理系统、完善的适老化设计、无微不至的生活照料、多样性的照护选择，为养老机构实现智慧养老和医养结合提供了参考。

（一）基本情况

太阳谷安养中心是美国魅力花园（Merrill Gardens）[①]与中国中铁集团共同投资打造的高端养老中心，由魅力花园运营管理。中国中铁集团于2010年与贵州省政府签约，投资500亿元，打造了中铁国际生态新城，其主要建设项目包括"三谷一城一带"，即"太阳谷""白晶谷""云栖谷""悦龙国际城"和"8公里巫山峡谷风景带"。其中，"太阳谷"总投资约为10420万元，占地面积5300平方米，于2019年11月19日正式投入运营，属于健康养生养老设施规划建设国家标准示范项目。

太阳谷安养中心距贵阳市区15千米，位于贵阳市双龙临空经济区中铁国际生态城度假区的核心位置，紧邻百亩山体公园，周围有森林保护带围绕，绿化率50%以上，环境优美，交通便利。太阳谷安养中心秉承一贯的高品质要求，为入住老年人提供高水准的个人护理，致力于使所有住户获得全新的生活感受与体验，享受高品质的退休生活及协助生活服务。太阳谷安养中心养护大楼共有13个楼层，1层设有大堂、医疗室、阅读区、吧台、餐厅、单独包间、棋牌室、多功能厅（影音室）、手工艺室、儿童娱乐室、阅读上网区、书画室、娱乐活动区、美容美发和健身区，每日为住户提供一日三餐和两次点心、社群活动、整合式运动及医疗照护等活力生活服务。2—13层提供156间不同种类的老年人客房，具体分为自

[①] 成立于1993年，是一家在美国养老服务行业深耕近30年的知名品牌养老机构，在美国拥有养老公寓项目超过65个，拥有养老公寓房间数超过8500间，遍布美国17个州。作为一家经验丰富的养老运营管理公司，该公司致力于发展中国养老产业，已经与一些中国本土企业共同打造了多个本土高端养老机构，包括江苏省苏康养老公寓、安徽省滁州华侨百岁颐居和贵州省太阳谷安养中心等。

理房间（高级房/花园房/豪华房/套房）、护理房间（高级房/豪华房）以及花园屋房间（高级房/豪华房），不同类型的房间适合不同自理能力的老人，其房间价格如表7-3所示。截至2022年9月，太阳谷共有60位老人入住，其中8位老人需要专门护理，其余52位老人为自理型老人。

表7-3　　　　　　　　　　太阳谷安养中心入住价格

生活类型	房间类型（平方米）	门市价（元/月）	短住1—3个月价格（元/月）	年签月付价格（元/月）	1年期价格（平均元/月）	1年期价格（元/年）
自理	高级房（35）	10999	8599元	7999	7599	91188
	花园房（43）	13999	10599	9999	9599	115188
	豪华房（46）	11999	9599	8999	8099	97188
	套房（60）	15999	12399	11399	11199	134388
护理	高级房（35）	11099	8899	8299	7899	94788
	豪华房（46）	12299	9899	9299	8399	100788
花园屋	高级房（35）	11999	8899	8299	7899	94788
	豪华房（46）	12299	9899	9299	8399	100788

注：房间费用包含服务项目：24小时医疗护理响应、全范围紧急呼叫系统、医疗绿色通道、健康讲座、定期健康评估、定期团体康复训练、每周两次家政服务、每日三餐两点、24小时热水、一定额度的能源费用、全范围网络覆盖、全社区安全定位手环、活力生活活动、定期定点班车、物业维修服务、24小时安保服务。以上房间费用为单人入住费用，第二人入住费用套房为每月2000元，其他房型为每月3000元，护理房型第二人入住每月3300元。以上房间费用不包含个性化护理照护费用、楼层差价（20—100元）、医疗备用押金和三个月的房间费用押金，仅供参考，具体价格以实际产生费用为准。

资料来源：太阳谷安养中心工作人员。

太阳谷安养中心当前共配备40名工作人员、2名医生（分别为1名中医二院附院退休中医和1名全科医生）以及4名专业护工（其中有2位护师）。除了入住的普通自理老人，太阳谷安养中心设置了专门的护理楼层，护士护工24小时在岗，2名医生轮流在岗。

(二) 运行模式

1. 强大的健康管理系统

与国内其他医养结合机构相比，太阳谷安养中心具备成熟的健康管理系统，能够及时诊疗老年人的常见病、多发病，能妥善处理各种突发性疾病和其他紧急情况。首先，太阳谷安养中心有与英美合作建设的社区医院，有来自中国台湾的健康管理团队，这些软件硬件已经经过国外多年的实践，成熟度高，可操作性强。其次，太阳谷安养中心有一整套完善的居家照护体系，比如为入住老年人佩戴安全定位手环、提供 24 小时专业护理服务和医疗服务等；同时也为入住老年人安排三甲医院的绿色通道服务，当老人突发紧急疾病时，工作人员会及时送往医院，确保老人得到救治。最后，太阳谷安养中心的医护工作者定期为入住老人进行健康评估，并且定期开展团体康复训练活动。相对其他养老机构，太阳谷安养中心的医养结合扎实有效地开展，得到老年人的高度认可。

2. 完善的适老化设计

太阳谷安养中心处处设有无障碍设施和适老化设施：为失能、半失能老人以及完全自理老人提供了各种代步工具，如代步车、电瓶车和高尔夫球车等等，老年人可以自行操作，省时省力；照明均采用防阴影防眩光技术的灯具；标识均采用较大的符号且颜色鲜艳明亮，有利于老年人辨识；厕所及卫浴都安装了无障碍扶手，防止老年人跌倒；内外全场无高差设计；老年人活动场所均进行了防滑设计；卫浴地面双向排水构造；美式实木家具圆角设计；等等。随处可见的适老化设施与设计，为老年人的生活提供了极大的便利。

3. 无微不至的生活照料

太阳谷安养中心提供了精细的饮食服务。一是提供全日餐饮服务，为老年人提供了灵活的就餐时间选择，入住老年人不必按照规定时间用餐，可以完全按照自己的作息规律来安排用餐时间；二是根据老年人的需求提供送餐服务；三是为老年人提供当地当季的特色美食；四是根据每位老年人的需求和身体状况提供特殊饮食食谱，如糖尿病饮食、痛风饮食、心脏病饮食、流质或半流质饮食以及碎食服务等。

太阳谷安养中心为客户提供"个人护理""日常活动协助"和"特殊护理"等个性化服务，满足入住老年人的多元化需求。在个人护理方面，安养中心提供沐浴、更衣和如厕等服务；在日常活动协助方面，安养中心提供辅助设备、行走陪护和协助、安全转运、陪伴购物等服务；在特殊护理方面，面向患有慢性疾病或残障的老年人推出预防、诊断和治疗方面的专业护理服务（特殊专业护理服务涵盖但不限于如下项目：体检与评估、药物治疗、氧气治疗、给药服务及管理、糖尿病等慢性疾病管理）。

4. 多样性的照护选择

太阳谷安养中心在提供长期入住服务的同时，也提供可供选择的短期照护、老年人日间照护以及花园屋服务。首先，短期照护的设定是为了满足年轻人外出度假、临时出差或从长期照顾家中老年人的生活中得到短期休整时间的需求；① 短期照护也同样适用于希望在患病或者康复期间获得额外安全保障和协助的老年人；短期照护的时间可短至14天，涵盖协助生活、专业护理服务等。其次，老年人日间照护的设定是为了满足年轻人由于繁忙的日常工作无暇照顾家中独自生活的老人的需求，安养中心为老年人提供全面的安全照护和社交场所，提供舒适的休息环境及丰富多彩的活力生活服务（如随时点餐服务、活力生活活动等）。最后，"花园屋"则是安养中心为患有阿尔茨海默病等逐渐失去智力的疾病而特别设立的养老场所。总之，在温馨熟悉的环境中，太阳谷安养中心可以根据住户的特征和需求提供个性化的服务选择。

（三）典型做法与创新

1. "养护医"相结合的服务体系

对老年人而言，颐养是常态，照护是本质，医疗是保障，"养护医"

---

① 即学术界提倡的"喘息服务"。

三位一体能够让包括失能、半失能和患有慢性疾病的所有老年人享受疾病诊治、专业护理、长期照料、沟通社交和休闲娱乐等服务，从而度过一个生活舒适而有尊严的晚年。太阳谷安养中心与英国、美国和中国台湾的医院、养老中心和健康管理中心合作，将"养护医"三位一体服务体系落到实处。首先，太阳谷安养中心与英国 IHG 国际医疗集团合作，在贵州成立中英示范中心，致力于为入住老年人提供专业的康复护理和综合医疗服务。其次，太阳谷安养中心由拥有 20 余年养老服务经验的美国魅力花园运营管理，其丰富的服务经验与先进的服务理念给入住老年人带来极大的舒适感和归属感。最后，中国台湾华惠健康管理公司作为太阳谷安养中心的养老合作方，在社区健康管理、云平台等方面有很多先进的技术和服务理念；在其协助下，太阳谷安养中心建立了定期居家身体检测流程、健康服务咨询流程、外部服务资源整合流程，致力于为入住老年人提供更全面、更优质的健康服务。在多方主体的共同协助下，太阳谷安养中心真正实现了"养护医"三位一体，实现了对老年人的一站式健康管理，建立起完备的颐养、护理与医疗相结合的全方位服务体系。

2. 全方位的适老化服务设施

太阳谷安养中心坚持以老人为本，采用了大量紧贴老年人养老需求的特殊服务设施。一是无障碍设计。各门口与通道的大小可让轮椅通行，整个小区环境设计为无障碍空间。二是一键呼叫系统。房间内设置紧急呼叫按钮，当按下按钮后，由总台安排专业人员上门服务。三是分床设计。卧室中为老年人提供分床设计，既可以使老人的休息得到保障，减少了相互干扰，同时也避免老年人独住一间房的孤独，可以相互照应。四是地面无高差设计。公寓内卫生间、淋浴间与外部地面无高差对接，使整个地面保持在同一水平面，没有台阶，保证老年人全程活动无障碍，活动空间更宽阔。五是卫浴的安全扶手。公寓内每个浴室中均设置安全扶手，辅助老年人在卫生间内洗浴。六是淋浴的坐浴设计。在每个淋浴间均有坐浴设计，使老人更加轻松、安全地沐浴。七是电动窗帘。窗帘由无线遥控开关控制，老年人不用起身便可以轻松开关窗帘，操作便捷，且电动窗帘超强静音的效果也让环境更加静逸。八是起夜地灯。卧室内专门设置起夜地灯，灯光温和，避免夜晚突然开灯而导致强光刺眼，方便老年人夜间活动的同时也不打扰老年人夜间休息。九是开关人性化设计。室内开关、插座、插口位置设计合理，避免使用过程中探高、弯腰，便于轮椅使用者操作；开关面板尺寸增大，部分照明装置可以通过多个开关同时控制，保证在最短的步行距离内开闭设备电源。

3. 智慧化的软件服务系统

智慧化物业服务系统。为保证老年人在日常生活的各个场景都能享受到安全贴心的服务，太阳谷安养中心布设了安防监控、楼宇可视对讲、无人驾驶安防巡逻和数字水电表等智能设备，并依托这些智能设备为入住老年人提供全方位的智慧化物业服务，包含线上物业缴费、社区活动报名、二维码门禁、社区信息发布和物业办事预约等方面的内容，让老人足不出户即可享受到全方位的物业服务。

智慧化健康管理系统。太阳谷安养中心利用5G技术，结合大健康服务内容打造了一个线上健康管理平台。该健康管理平台通过可穿戴式设备、小型家用设备、服务机构的中型设备与大型医疗设备收集用户的血压、血糖、心率及各项生化指标等数据，存储到后台数据库，形成电子化健康档案。入住老年人（或其家属）、健康管理师、营养师、医生等健康管理服务参与者均可以在有授权的情况下通过App、web等实时查看数据。安养中心服务方可以通过平台为老人制定或修订个性化的运动、膳食、康复方案。老年人通过移动终端设备实时与医生沟通，获得远程健康咨询服务。太阳谷安养中心通过该平台提升了健康管理覆盖范围，降低了健康服务成本，提升了健康服务效率。

智慧化养老服务平台。养老服务平台实现了系列服务一站式办理——包含看病预约、关爱服务、穿戴设备集成、远程诊疗、活动联谊和紧急呼救应答等各种服务功能。同时，该平台为招募志愿者、传达政务消息和建立老年人档案等提供相应接口，功能全面。通过智慧化养老服务平台，太阳谷安养中心为入住老年人成功营造了安全、便捷、舒适的养老环境。

(四) 思考与启示

1. 存在问题

运行机制有待优化。太阳谷安养中心缺乏完善的自评与反馈机制，管理人员在机构配套设施或者服务更新方面通常停留在处理入住老人反馈的问题层面；工作人员和医护人员缺乏主动性，解决入住老年人反馈的问题后缺乏持续的跟踪改进；此外，医护人员及新入职员工缺乏持续的培训，技能提升缓慢。

专业医护人员不足。太阳谷安养中心目前仅有 2 位专职医生，4 位专业护工，能为老年人提供基础的营养摄取、基础病情的控制。当前入住太阳谷安养中心的主要是能自理的老年人，现有医护人员勉强够用；当入住的失能和半失能老人增多时，现有的医护人员将无法满足需要。

2. 启示

进一步完善为老服务可以从两个方面入手：一是完善和规范管理制度，调动管理者、工作人员、医护人员的积极性和主动性；规范养老服务流程，严格管理制度，保证服务质量的稳定性。二是引进和培训更多的医护人员，为扩大入住规模做准备，为更多失能、半失能老年人的入住提供条件。

太阳谷安养中心引入国外养老服务管理经验，硬件设施过硬，其所在地生态环境和气候适宜，是国内高端智慧养老机构。太阳谷安养中心具有的几个鲜明特征可供其他机构借鉴：一是"养护医"相结合的服务体系，既可为健康的老年人提供酒店式管理服务，让其能享受衣食住行、沟通社交、精神陶冶等方面的服务，使其能轻松颐"养"天年；同时也可为残障老人、失能老人提供长期照"护"服务，使其能有自尊地安享晚年；还能为患病老人提供健康咨询、疾病诊治、康复训练等方面的专业医疗服务，使其老有所"医"。二是在硬件上采用适老化的服务设施，小到老年人吃饭用的勺子，大到整个中心的空间布局，太阳谷安养中心采用了大量紧贴老年人养老需求的特殊服务设施，处处体现出"以老为本"的服务理念。三是在软件上采用智慧化服务系统。安养中心采用了目前世界最先进的智慧化软硬件设施,通过云平台为老年人提供物业服务、健康管理和远程照护等方面的服务,全方位、高效率地满足老年人的日常生活、养老照料和疾病诊疗等方面的需要。

五 顺百年：医养结合连锁养老

中国农村公办养老机构在数量和硬件设施上取得了重大发展,但面临管理人才匮乏、运营成本高、床位空置等一系列问题,难以满足农村居民逐步升级的养老需求。顺百年养生养老服务有限公司积极响应党和政府的"公建民营"改革,通过打造"1中心+N乡镇"的连锁经营模式、"自营医院+养老院"的医养结合模式和以中医为特色的"医养康健"养老服务模式,盘活县域范围内农村闲置养老服务资源,为农村养老服务注入了"新动力"。

（一）基本情况

顺百年养生养老服务有限公司（以下简称顺百年公司）是自然人独资企业,开设有平塘县、荔波县、剑河县、从江县、榕江县、台江县（以"公建民营"协议签订时间先后顺序排列）6个分公司及平塘、剑河两家顺百年医院。截至2022年10月,顺百年公司已接管并运营的养老机构有28家,提供养老床位5000余张。

1. 顺百年概况

平塘县顺百年公司是平塘县民政局、县卫健局、县残联、县退役军人事务局合作建立和监管的医养结合养老服务示范项目,该项目按照国家一级医院标准建设,兼具医疗和养老功能,主要承接平塘县特困供养人员和其他社会人员的养生养老业务,是顺百年旗下成立最早、规模最大、运营最成熟的分公司。该公司位于贵州省黔南布依族苗族自治州平塘县平湖镇回龙村头寨组,成立于2016年11月2日,从成立至今陆续接管了平塘县下辖的大塘、塘边、通州、牙舟、甲茶、卡蒲6家乡镇敬老院和县城综合福利院。现投入使用的养老机构有5家，分别是平塘县综合福利院、大塘敬老院、牙舟敬老院、通州敬老院和塘边敬老院，甲茶敬老院和卡蒲敬老院因硬件未完善暂未开始运营。其基本运营情况如表7-4所示。

表7-4　　　　平塘县顺百年公司所属养老机构基本运营情况

名称	工作人员数量（人）	入住老人数量	
综合福利院	48	社会养老对象36人	174 特困供养人员138人 （全自理45人，半自理69人，全护理24人）
大塘敬老院	7	社会养老对象4人	41 特困供养人员37人 （全自理6人，半自理25人，全护理6人）
牙舟敬老院	7	社会养老对象1人	72 特困供养人员71人 （全自理22人，半自理38人，全护理11人）
甲茶敬老院		硬件未完善，暂未运营	
通州敬老院	5	社会养老对象3人	48 特困供养人员45人 （全自理22人，半自理20人，全护理3人）
卡蒲敬老院	1	硬件未完善，暂无养老服务对象	
塘边敬老院	3	社会养老对象1人	24 特困供养人员23人 （全自理12人，半自理9人，全护理2人）

资料来源：根据顺百年公司工作人员所提供资料整理。

与在平塘县顺百年公司的拓展模式和运营模式类似，顺百年集团在贵州省黔南布依族苗族自治州下辖的荔波县和黔东南苗族侗族自治州下辖的剑河县、从江县、台江县和榕江县 5 个县成立养生养老服务分公司，以"公建民营"的模式接管县级福利院与部分乡镇敬老院，主要承接县域范围内特困供养人员和其他社会人员的养生养老服务。具体情况如表 7-5 所示。

表 7-5　　　　　　　顺百年集团其他 5 家公司概况　　　　　　单位：家

公司名称	成立时间	接管机构数	正式运营机构数
荔波县顺百年公司	2018 年 9 月 12 日	5	5
剑河县顺百年公司	2021 年 3 月 9 日	6	4
从江县顺百年公司	2021 年 12 月 21 日	6	4
台江县顺百年公司	2022 年 1 月 14 日	3	1
榕江县顺百年公司	2022 年 4 月 1 日	3	3

2. 顺百年医院概况

平塘顺百年医院。平塘顺百年医院创建于 2018 年 7 月，是一所集医疗、康复、预防、保健、护理、养生、养老等服务于一体的一级定点医疗机构，医院建筑面积 4100 平方米，总投资 400 万元。医院编制床位 50 张（实际开放 60 张），内设 8 个职能科室、6 个临床医技科室和 2 个住院病区。目前在院职工 30 人，其中学历层次为本科 5 人，专科 16 人；西医 4 人，中医 4 人，护理 8 人，检验 2 人，影像 2 人，药剂 1 人，其他 10 人；执业医生 3 人（其中副主任医师 1 人，全科医生 1 人），执业护士 7 人（其中护师 1 人）。主要医疗设备有中频治疗仪、全自动血液分析仪、心电图机、微量元素分析仪、尿液分析仪、超声波骨密度分析仪、半自动凝血分析仪、血液分析仪、人体分析仪、全自动生化分析仪、离心机、医用诊断 X 射线机和全数字彩色多普勒超声机等。

剑河顺百年医院。剑河顺百年医院坐落于剑河县革东镇交洗村，是一所一级综合民营医院，该医院深入开展医养结合试点，建立健全医疗机构与养老机构合作机制，建立养老机构内设医疗机构与合作医院间双向转诊绿色通道，为老年人提供治疗期住院、康复期护理、稳定期生活照料以及临终关怀一体化服务。医院占地面积637平方米，建设规模3000平方米，申报病床数20张。设有预防保健科、内科、普通外科、妇科、医学检验科、X线诊断、超声诊断、心电诊断、内科、老年病科、针灸科、推拿科和康复医学等。目前，医院在职职工34人，其中专业卫生技术人员20人（其中高级职称5人、中级职称2人、初级职称1人、护士7人、医技人员5人），行政后勤人员14人。主要医疗设备有三相分调稳压器、尿液分析器、血液分析器、全自动生化分析器、台式低速离心机、超声波骨密度分析仪、超声波诊断仪专用液晶显示器、数字心电图机、中频治疗仪、特定电磁波谱治疗仪、自动熬药包装器、便携式吸痰器、臭氧空气消毒器、血压计、台式血压计、紫外线消毒设备、氧气罐、氧气机、抢救车、雾化器、心电监护仪和光疗机等。

（二）运行模式

顺百年公司秉承"一切为了服务对象，一切服务服务对象"的服务理念，以"健康长寿"为中心，以"身体活动起来、思想活跃起来"为基点，遵循"老有所养、老有所医、老有所为、老有所学、老有所乐"的办院宗旨，视服务对象为亲人，强化责任，精心管理，吃苦耐劳，专业敬业，做好养老服务工作。

1. 制度化管理

顺百年公司以国家标准、行业标准以及地方标准为基础支撑，结合自身在运营过程中的先进理念和实践经验，探索出了一条适合"公建民营"养老机构的制度化管理之路。主要体现在以下几个方面：重视党建工作。作为与政府部门合作提供养老服务的非公有制企业，顺百年公司十分注重内部工作人员的思想政治教育，在公司内部成立党团基层组织，以党建带领团建，以党建带领工建，以党建带领关工委，一切工作以党建为抓手，在实际工作中，注重将优秀工作者吸纳进党团队伍，壮大企业党团组织骨干力量。严抓岗前培训。顺百年公司要求所有照护人员必须接受专业的岗前培训，包括理论及实操培训，并把岗前培训和持证上岗作为许可经营的硬指标；通过严格的岗前培训来保证服务过程中的流程化、专业化和规范化。开展标准化建设。顺百年创建了自己的企业文化、运作模式和用人制度，通过推广落实"五心五促"① 原则和员工守则，落实工作要求，逐步实现公司在执业要求、绩效、管理运营、服务质量等方面的标准化建设，为连锁化发展打好基础。

2. 人文关怀服务

顺百年公司以人文关怀为基本原则，在服务提供和员工成长两方面凸显出人文关怀。具体体现在以下几个方面：在服务提供方面，不断满足老年人多层次多样化的物质和精神需求。为满足普惠型社会养老的老年人文娱需要，顺百年公司结合民间民俗节日，党支部制订工作计划，开展各种活动，如坚持动静结合、竞技与娱乐结合、室内与室外结合、自娱自乐与组织示范结合、晨晚练与比赛结合，组织老年人广泛开展文体活动，丰富精神文化生活，以丰富的色调，续写他们人生的"夕阳红"。在员工成长方面，建立和谐的员工成长发展通道，激励员工不断进取，建立品牌文化提高员工的归属感与职业认同，关心员工的生活状况与心理健康，及时解决特殊时期员工面临的问题。

3. 医养结合服务

顺百年公司坚持"医养一体化"的特色发展模式，围绕养老人群在医疗、养护、康复等方面的重点需求，打造一种集"医疗、康复、养生、养老"于一体的新型养老服务模式。其特色主要体现在以下几个方面：一体化健康照护。全面整合医康护养功能，在养老机构内形成小型的养老综合体，组建医生、护士、心理师、康复师等多学科服务团队，以个案管理的方式，开展涵盖生活照料、医疗、康复、护理等一体化健康照护服务。关注残疾人健康。以"党建带残建"工作模式为特点，提供辅具设

---

① 五心五促：以忠诚之心促拥党、以仁孝之心促尊老、以慈母之心促爱幼、以感恩之心促扶弱、以博爱之心促医养。

备满足各类型残疾人康复需求，由医务人员提供全覆盖康复技术指导，对各类残疾人提供全覆盖的基本康复服务，提供残疾人"托养服务+康复医疗+辅助性就业"全链条服务，通过康复理疗达到门诊与住院治疗体系完整融合。弘扬中医疗法。利用贵州天然丰富药材资源优势，将传统的各种特色治疗方法与现代医学的基础治疗相结合，使传统中医药治疗惠泽于老年群体。在中医药理论的指导下，为老年人提供日常照料、长期护理、康复理疗、养生保健、健康管理等一系列专业化、连续化的养老服务。

（三）典型做法与创新

1. 推行县域内"1中心+N乡镇"的连锁经营模式

由于人力、物力、财力和理念等各方面的制约，中国县域范围内依靠政府财政支持的养老服务，尤其是乡镇养老服务供需矛盾较为突出。县、乡镇等基层公办养老机构设施陈旧、人员不足、管理落后、运营乏力、资产闲置、效率低下等问题屡见不鲜，严重制约了中国县域范围内机构养老服务能力的提升。在此背景下，通过引入社会资本参与养老服务事业，以"公建民营"的方式运营和管理养老机构，成为当前缓解基层养老服务供需矛盾、推进养老服务高质量发展的重要选择。

顺百年养生养老服务有限公司秉持"替天下儿女尽孝，为党和政府分忧"的基本理念，积极投身农村养老服务事业，通过与县民政局、县卫健局等政府部门展开"PPP"合作，接管资产闲置、运营乏力的县福利院和乡镇敬老院，打造县域范围内"1中心+N乡镇"的连锁模式，持续扩大"公建民营"的农村养老事业版图，通过标准化的管理模式和共享部分医疗资源来提升养老服务供给效率。在此模式下，顺百年公司依靠其雄厚的资金实力、先进的服务理念和完善的管理制度，在保证政府兜底老年群体养老的基础上，为中国农村空巢、留守、失能、残疾、高龄老年人提供高质量、标准化的养老服务。

2. 打造"自营医院+养老院"的医养结合模式

推进医养结合是优化老年人健康和养老服务供给的重要举措。党的十九大报告强调,要"推进医养结合,加快老龄事业和产业发展";国家卫生健康委等 11 个部门联合印发《关于进一步推进医养结合发展的指导意见》(国卫老龄发〔2022〕25 号)为医养结合的落地提供政策指导和方案支持。在此背景下,各地积极探索医养结合的具体形式。对养老机构而言,"养老机构+医疗服务绿色通道"和"养老机构+医疗服务整体外包"是目前使用最多的两种医养结合模式。前者是指养老机构与邻近的医疗机构签订合作协议,医疗机构为养老机构患者就医提供"绿色通道",优先提供住院、远程会诊、预约挂号等服务。后者是指养老机构将其所需的医疗服务整体外包给邻近的医疗卫生机构,医疗卫生机构在养老机构设置分院等分支机构并派医务人员到养老机构为其提供整体医疗服务。但在这两种模式下,"养老服务"与"医疗服务"始终是两个独立的供给主体,很难做到无缝隙的实质性衔接。

为了缓解"医养分离"这一难题,顺百年养生养老服务有限公司分别在平塘县、剑河县开办了两家顺百年医院,其服务范围覆盖旗下所有的公建民营福利院和敬老院。这种"自营医院+养老院"的结合模式可以做到以下几点:当入住顺百年养老机构的老人有就医需求时,有专车接送就近入住附近的顺百年医院,入院后由自营医院的中西医专家坐诊,可接受内科、中医科、影像科、康复理疗科等 16 个科室的全方位诊疗。顺百年医院为入住养老机构的老人提供营养配餐、保健医疗、修身养性等高品质照护服务。医院重点对入住养老机构的失能和半失能老人给予专业的康复指导和医疗护理。通过这些举措,真正让所有入住养老机构的老人享受"疾病预防、医疗、养生、康养"相融合的医养结合服务,这种"医护保驾、安心养老"的医养结合养老模式可以让入住老人享受无缝衔接的医疗服务,最大限度地实现"老有所医"。

3. 探索具有中医药特色的"医康养健"模式

中医学以天人合一的整体观、因时因地因人制宜的动态辩证观和中医"治未病"思想作为基石,维护人类的身心健康。顺百年医院遵循"未病先防、既病防复"的治疗原则,以中医阴阳五行理论为施治基础,针对不同人群、不同体质的人进行辨证施治。如通过开展头部推拿、药物熏蒸、足底按摩、针刺、灸疗、拔罐、刮痧、穴位注射等传统治疗项目，以缓解症状、改善亚健康状态，提高患者的生活质量。在处理常见病、多发病的基础上，发挥中医特长，在脑溢血、脑血栓形成的冠心病、心肌梗死、糖尿病等疾病的治疗上取得了明显疗效。顺百年医院在中医药理论的指导下，整合医疗、康复、养生和健康管理四大资源，以项目建设为抓手，大力推广中医特色诊疗技术，为入住老年人提供长期、全面、适宜的健康养老服务，提高老年人的生活品质。

(四) 思考与启示

1. 存在问题

硬件方面：基础设施设备不够完善。顺百年公司从政府接管过来的农村敬老院基础条件普遍较差：在外部条件方面，存在选址偏、规模小、房屋旧、档次低、功能不全等问题，后期提升和改造难度大。在生活设施方面，大多数敬老院只有基本房间和简单的公共设施，房间内通常装修陈旧、设备不足、设施老化；公共设施通常功能有限，缺乏阅览室、娱乐室、健身房和多功能活动室等能满足老年人多元化需求的休闲娱乐空间。在医疗设施方面，大多数敬老院只具备吸痰器、氧气筒、血压计等简单的医疗设备，无法满足高龄失能多病老人的诊疗需求。养老机构基础设施的陈旧和不完善极大地降低了老年人的入住体验感。虽然顺百年公司作为承接主体有意愿对现有设施设备进行改造提升，但养老设备设施投资具有风险大、回报周期长的特征，"公建民营"模式下运营主体因合同时间限制，会在投入与回报之间进行权衡。

软件方面：护理人员有待扩充优化。顺百年公司旗下的福利院和敬老院多处于农村地区，由于地理位置偏僻、交通不便、生活环境差、工资待遇低，难以吸引到足够数量的专业护理人员。从护理人员的绝对数量上看，一般坐落于县城的福利院有30—40名工作人员，其中配套最成熟的平塘县综合福利院有48人，而乡镇敬老院的工作人员数量基本都在

10人以内，仅有1—5人的占80%以上。在这些工作人员中，除了院长、副院长等管理人员和行政人员，专职护理人员的数量更少。从护理人员与入住老人之间的比例来看，大部分介于1∶3至1∶8之间，也有少数超过1∶10，甚至高达1∶15（见表7-6）。护理人员总体人数少和护理人员与入住老人之间的比例高的现状，使得入住老人的护理需求难以得到充分满足。从护理人员的专业水平来看，公司难以吸引到年轻专业的护理人员，大部分护理人员为附近下岗妇女或农民工，她们整体学历偏低、年龄偏大、缺乏专业技能，在上岗前只接受过简单的护理培训，真正具备护理方面专业知识和从业资格证的从业人员较少。

表7-6　　顺百年旗下养老机构工作人员和入住老人数量　　　　单位：人

县	名称	工作人员数量	入住老人数量	比例
平塘县	综合福利院	48	174	1∶3.6
	大塘敬老院	7	41	1∶5.9
	牙舟敬老院	7	72	1∶10.3
	通州敬老院	5	48	1∶9.6
	塘边敬老院	3	24	1∶8.0
荔波县	天怡康养中心	37	139	1∶3.8
	甲良敬老院	3	25	1∶8.3
	茂兰敬老院	2	6	1∶3.0
	佳荣敬老院	2	13	1∶6.5
	播尧敬老院	3	21	1∶7.0
剑河县	日间照料中心	23	55	1∶2.4
	敏洞敬老院	4	36	1∶9.0
	南寨敬老院	2	22	1∶11.0
	南哨敬老院	1	15	1∶15.0
从江县	社会福利院	24	92	1∶3.8
	西山敬老院	2	7	1∶3.5
	翠里敬老院	2	11	1∶5.5

续表

县	名称	工作人员数量	入住老人数量	比例
榕江县	崇义敬老院	2	5	1∶2.5
	平阳敬老院	2	5	1∶2.5
	塔石敬老院	1	4	1∶4.0
台江县	中心敬老院	8	37	1∶4.6

运营方面：难以吸引农村老人入住。由于农村大量年轻劳动力的转移和农村家庭结构的变迁，农村家庭的养老功能正逐步弱化，机构养老的重要性逐渐凸显。然而，在传统养老观念、农村老人及子女的经济支付能力较弱、农村养老机构条件差口碑差、老人更习惯农村熟人社会生活等多重因素的影响下，农村老年人入住养老院的意愿较低，因此，顺百年公司旗下的养老机构，尤其是乡镇敬老院，难以吸纳充足的老年人入住，由此带来床位闲置率高、资源设备闲置浪费、养老机构入不敷出等困境。在顺百年公司入住的老年人绝大多数为财政供养特困人员（过去无儿无女的"五保"户、低保户），占比达80%以上，社会休养老人入住的比例非常低。如大塘敬老院入住的41位老人中，仅有4人为社会休养老人；牙舟敬老院入住的72位老人中，仅有1人为社会休养老人。

2. 启示

一是在成本与收益的综合考量下，最大限度提升硬件设施水平；二是提供具有吸引力的薪酬和福利待遇，吸引更多专业的护理人员；三是不断提升农村敬老院的养老服务质量，打造良好的口碑，加大宣传，提高床位的利用率。

顺百年养生养老服务有限公司的养老模式具有几个鲜明特征：一是扎根农村，通过与政府展开"公建民营"式合作，在县域范围内推行"1中心+N乡镇"的连锁发展模式，通过标准化管理模式和共享医疗资源来提升养老服务供给效率。二是开设顺百年医院，让医院的服务范围覆盖旗下所有的福利院和敬老院，这种"自营医院+养老院"的特色医养结合模式可以让养老院入住老人享受无缝衔接的医疗服务。三是探索具有中医药特色的"医康养健"模式,在中医药理论的指导下,大力推广中医特色诊疗技术,整合医疗、康复、养生和健康管理四大资源,为入住老年人提供长期、全面、适宜的健康养老服务。近两年来,顺百年公司养老服务质量大幅提升,专业护理人员队伍逐渐增强,医养结合成效显著,敬老院的入住率得到提高。其制度化管理、人文关怀服务、医养结合服务等鲜明特色,为县域内养老服务供给的机构提供了有益的参考。

六 五福社区:易地扶贫搬迁安置点的养老服务

作为"十三五"时期全国搬迁规模最大、搬迁人数最多的省份,贵州省有192万搬迁群众成为新市民,这些新市民中包含了数量庞大的老年人群体。在易地扶贫搬迁安置社区中,老年人因居住环境、人际关系、生计模式和生活成本等的变化,在融入社区和安度晚年方面面临新挑战。贵州省黔西南州安龙县五福社区通过强化党建、政府兜底、组织文娱活动、发展就业等方式,对易地扶贫搬迁社区老年人的养老服务进行了积极的探索。

(一) 基本情况

1. 易地扶贫搬迁的背景

1983年,国家在甘肃河西、甘肃定西和宁夏西海固("三西")地区探索"吊庄移民",开启了扶贫搬迁的先河。之后,扶贫搬迁成为中国开发式扶贫的一个重要措施。2001年,国家发展改革委安排专项资金,从国家层面有计划、有组织地开展易地扶贫搬迁工程。2015年11月27日,中央扶贫开发工作会议把易地扶贫搬迁作为"五个一批"精准扶贫的重要组成部分。2015年12月8日,国家发展改革委、国务院扶贫办、财政部、国土资源部、中国人民银行5部门联合印发《"十三五"时期易地扶贫搬迁工作方案》,明确用5年时间对"一方水土养不起一方人"地方的建档立卡贫困人口实施易地扶贫搬迁,力争在"十三五"时期完成1000万人口搬迁任务,帮助他们与全国人民同步进入全面小康社会。2021年4月16日,国家发展改革委、国家乡村振兴局会同20个有关部门和单位,在北京组织召开易地扶贫搬迁后续扶持工作动员部署电视电话会,对国家发展改革委等部门印发的《关于切实做好易地扶贫搬迁后续扶持工作巩固拓展脱贫攻坚成果的指导意见》贯彻落实工作进行安排部署。

2020年12月3日,国务院新闻办新闻发布会上,国家发展改革委宣布,"十三五"易地扶贫搬迁任务已全面完成,960多万建档立卡贫困群众全部乔迁新居。"十三五"时期,全国累计投入各类资金约6000亿元,建成集中安置区约3.5万个,其中城镇安置区5000多个,农村安置点约3万个;建成安置住房266万余套,总建筑面积2.1亿平方米,户均住房面积80.6平方米;配套新建或改扩建中小学和幼儿园6100多所、医院和社区卫生服务中心1.2万多所、养老服务设施3400余个、文化活动场所4万余个,其中城镇安置500多万人,农村安置约460万人。

2. 贵州省易地扶贫搬迁的发展

贵州省早在1986年就开始了易地扶贫搬迁的实践。1997年,贵州在中央支持下,选择紫云、罗甸、长顺、普安4县开展了以工代赈移民搬迁脱贫试点工程;2001年,贵州作为全国四个试点省份之一,全面启动了易地扶贫搬迁试点工作;2012年,贵州结合新型城镇化和生态文明建设启动实施扶贫生态移民工程;2015年,贵州又启动了新一轮易地扶贫搬迁工作,打响了全国脱贫攻坚"当头炮",这一时期的易地扶贫搬迁又称为新时期易地扶贫搬迁;2017年,贵州省人民政府,省发展改革委、省扶贫办、省水库和生态移民局联合印发了《贵州省易地扶贫搬迁工程实施规划(2016—2020年)》,对易地扶贫搬迁的搬迁目标、搬迁方法、搬迁流程等做出了详细的规划,系统科学地规划了贵州的易地扶贫搬迁工作,明确了贵州易地扶贫搬迁的时间表、路线图、任务书。

贵州易地扶贫涉及的搬迁人口主要分布在三州三市,即黔西南州、黔南州、黔东南州三个少数民族自治州,以及毕节市、遵义市、铜仁市,搬迁方式主要采取零星搬迁为主，安置方式主要为城镇化集中安置。贵州也是全国唯一一个实行全部城镇化集中安置的省份。"十三五"时期，贵州省易地扶贫搬迁建档立卡贫困人口占全国搬迁建档立卡贫困人口的1/6，占全省贫困人口的1/3，是全国搬迁规模最大、搬迁人数最多的省份。"十三五"时期，贵州省实现易地扶贫搬迁192万人，其中建档立卡贫困人口157.8万人，累计建成949个集中安置点，建成安置住房46.5万套。2020年，贵州各安置点累计新（改、扩）建669所配套教育项目、440个医疗配套项目，解决了38.17万搬迁群众子女就学问题，满足搬迁群众基本就学、就医需求；搬迁群众社会保障有序衔接，所有建档立卡贫困搬迁群众全部缴纳医疗保险，97.64%的适龄搬迁群众已缴纳养老保险，99.99%符合条件的搬迁群众已按程序完成安置地城市低保转接手续。截至2020年11月底，全省搬迁劳动力实现就业88.64万人，综合就业率91.92%。

3. 黔西南州易地扶贫后续扶持政策

2019年，贵州省出台了《中共贵州省委贵州省人民政府关于加强和完善易地扶贫搬迁后续工作的意见》，着力解决易地扶贫搬迁就业、公共服务、社区融入等后续问题。为确保按期打赢易地扶贫搬迁脱贫攻坚战，黔西南州围绕"搬得出、稳得住、能致富"的目标，以"快融入"为切入点，系统谋划，整体部署。2017年年底开始实施"黔西南州新市民计划"，2018年年初出台13项配套措施，2019年年初再次对新市民计划"1+13"系列政策进行完善，2021年研究出台了《黔西南州深入推进"新市民"计划高质量巩固提升易地扶贫搬迁后续扶持成果实施方案》《黔西南州新市民计划规划建设高质量推进措施》《黔西南州新市民计划产业发展高质量推进措施》等13个新市民计划的推进措施，形成了州级高质量推进易地扶贫搬迁后续扶持政策体系和工作机制。

4. 五福社区基本情况

五福社区是贵州省黔西南州安龙县五福街道下辖的一个易地扶贫搬迁安置点，该社区距县城约9千米，面积约0.84平方千米。社区建设安置房197栋2196套,现已安置8个乡镇搬来的易地扶贫搬迁户1842户8595人,其中60岁以上老年人1208人,残疾老年人156人。近年来,五福社区以推进"新市民计划"基本公共服务标准化建设为契机,在公共服务、社会融入、促进就业等方面持续发力,做实做细易地扶贫搬迁"后半篇文章",让新市民"安居"又"乐业"。

(二) 运行模式

五福社区安置点的老人来自8个不同乡镇的不同村庄,搬迁后生产方式、居住环境、生活场域、人际关系、生活成本的变化给老人的社区融入和老年生活带来了新的挑战。为了更好地服务易地搬迁老年人,五福社区进行了如下探索。

1. 整合业务实现一站式服务

作为安龙县规划建设的易地扶贫搬迁新市民居住区之一,五福社区以推进"新市民计划"基本公共服务标准化建设为契机,将涉及公共服务的十多家部门的政策、业务进行整合,建立健全"一站式"服务中心,选拔社区优秀人员到窗口开展工作,并选派街道专业人员开展培训,着力为社区老年人提供贴心服务,做到在家门口就可以方便快捷地解决老年人的各种问题。

2. 开展社区文、体、学活动

依托新时代文明实践站,五福社区成立了一支社区文艺队伍,以"朝阳、夕阳,共享一个太阳"为载体,2022年已开展200多场文体活动;同时,社区配备了文体活动辅导员,结合老年人实际需求、身体特质和兴趣爱好等,组建了银龄早操、银龄红歌合唱团、银龄乐队、银龄课堂学习班等,丰富社区老人的精神文化生活。2022年以来,平均每周开展银龄早操5次,受益230人次;银龄红歌合唱3次,受益73人次;银龄课堂3次,受益91人次;银龄乐队2次,受益45人次。

3. 注重乡愁和民族文化的融入

由于搬迁使老人脱离了世代居住的少数民族村落,短期内不能适应新的生活环境。五福社区注重搬迁老人的精神满足，融合了少数民族特色元素，建成"福、禄、寿、禧、财"五个文化区，同时开展各式各样的少数民族活动，延续了少数民族特有的文化，让老年人在安置点也能感受到故乡的风土人情。

（三）典型做法与创新

1. 支部带头：打造500米党员服务圈

五福社区强化"党建+体系"建设，发挥基层党建优势，引领易地搬迁后续服务，夯实"基石效应"。通过健全基层组织，坚持支部带头，建立"党支部+"服务模式，依托党员"双报到"机制，建立了网格化管理模式，打造"500米党员服务圈"，实现有困难的地方就有党员、有老年人需要的时候就有党员。

2. 政府兜底：为老年人提供基本保障

2016年，贵州省人社厅印发《关于做好新时期易地扶贫搬迁移民社会保障衔接有关问题的通知》，要求发挥社会保障兜底扶贫功能，以"四个确保"织密扎牢易地扶贫搬迁移民的社会保障网。2018年，贵州省人社厅印发《关于切实做好社会保险扶贫工作的实施意见》，对未标注脱贫的建档立卡贫困人口、低保对象、特困人员等困难群体，参加城乡居民基本养老保险的，由地方人民政府代缴部分或全部最低档次保费，减轻困难群众的参保缴费负担，帮助其纳入基本养老保险保障范围。

在中央、省、州各级政府利好政策的扶持下，五福社区居住的易地搬迁老人全部享受到城乡居民基本养老保险，达成"应保尽保"的政策目标，解决安置区老年人"两不愁三保障"的问题。自2022年1月1日起，贵州省城乡居民基本养老保险基础养老金最低标准从98元/月调整到113元/月，每月上涨了15元。此外，贵州省和黔西南州还出台了高龄津贴制度，五福社区符合条件的低收入高龄老人每月可领取相应额度的高龄津贴，具体标准是80—89周岁每人每月50元，90—99周岁每人每月100元，100岁以上每人每月200元。

3. 社区主导：丰富老年人的精神生活

由于搬迁后远离旧邻亲朋，五福社区老年人群体出现了社会参与度低、精神文化缺失等现象。作为一个特殊的弱势群体，不仅搬迁后远离劳作多年的土地和熟悉的居住环境，还需要适应新环境和新人际关系，给老年群体的精神生活造成了较大的负担。丰富老年人的精神文化生活成为"安下心""稳得住"的关键。

五福社区把易地扶贫搬迁安置点老年人的精神文化生活作为一项重点工作来抓。具体举措有以下几点：建设乡愁馆。考虑到社区许多人都是苗族、布依族等少数民族，为延续乡俗、抚慰乡愁，五福社区建设了民族历史文化馆和乡愁馆，整齐地陈列着犁头、背篓、民族服饰、民族乐器等物件。乡愁馆把搬迁群众对家乡的记忆一起搬进新社区，让社区老人找到精神寄托。组织文体活动。五福社区成立文艺宣传队，不定期表演芦笙舞、板凳舞、八音坐唱等节目。为了让新市民文化活动开展更专业，黔西南州还安排州文化馆和文广局等单位定期到五福社区等移民安置点进行文艺活动指导培训。另外，五福社区还不定期地开展社区运动会、新春文艺演出等活动，丰富搬迁群众的文体生活。创办"银龄课堂"。针对辖区老年人群体，五福社区探索创办"银龄课堂"，通过"上学"的形式，将老年人聚集起来，结合老年人实际需求、身体特质、兴趣爱好等，组建银龄合唱团、银龄乐队、银龄课堂学习班等，开展识字书写、手机操作、合唱乐器、棋牌球类等学习活动，丰富了社区老年人的精神文化生活。

4. 发展产业：推动就业促进养老服务

除了做好老年人的服务工作，五福社区还在新市民就业服务上下功夫。在社区工作人员的帮助下，安置点里许多老人的子女在家门口的就业车间找到了工作，实现了就业顾家两不误。目前，五福社区共有5家劳动密集型就业车间，解决了156名新市民的就业问题，实现了新市民从外出打工到家门口就业的良好局面。此外，社区还整合辖区资源，大力发展食用菌规模化种植，成立专业合作社，采取"政府+公司+合作社+农户"组织方式，建设食用菌大棚157个，种植食用菌30万棒，带动17户脱贫户参与种植，70人实现就业增收。目前，社区周边建有工业园区、石材园区、蔬菜基地、养殖基地，安置区内已建成食用菌产业园和服装加工厂，未来就业潜力大，可以就近解决安置点年轻人的就业，从而方便年轻人更好地赡养家中老人。

（四）思考与启示

1. 存在问题

自我养老能力较弱。自我养老是指人们从年轻时开始积累养老的物质资源、健康资源、生活照料及精神慰藉资源，以尽可能不造成家庭、社会和国家负担的一种养老方式。在农村，除了传统的家庭养老模式，农村老年人的自我养老是老年人抵御老年风险的一个重要补充。对于居住在安置点的易地搬迁老人而言，其自我养老的能力一般较弱。究其原因，一是因为这些老人原本生活在"一方水土养不起一方人"的贫困地区，大部分是贫困户，一辈子在土地里刨生活，收入只能维持生计，积累下来的养老资源本就较少；二是当老人迁入社区安置点后，与土地失去了联系，农业种植养殖收入锐减；三是由于年龄大、技能少、身体机能退化、思想封闭保守等原因，来自乡土社会的老年人很难在现代化的城镇找到能为自己积累养老资源的新工作。以上诸多原因导致易地搬迁安置点的老人自我养老能力较弱，只能更多地依靠政府兜底和子女赡养。

家庭养老功能退化。"家庭养老"是人类社会最古老也是最基本、最重要、最富生命力的养老方式。然而，随着农村年轻人大量外出务工、孝道文化的衰退和政府养老的兜底，家庭所提供的物质保障、生活照料和精神慰藉等养老功能正在逐渐退化。对易地搬迁安置点的老人而言，其所面临的家庭养老退化的问题依然存在。一方面，搬入安置点后，大部分家庭中的年轻人需要外出务工才有收入，安置区内"祖带孙"的隔代家庭或纯粹的空巢家庭非常普遍，长期不在同一地居住使得子女对父母的生活照料和情感慰藉相对较少；另一方面，由于搬入安置点后需要适应城镇生活，孙辈的教育支出和家庭的日常生活开支均会大幅度增加，在子女的收入没有提升的情况下，家庭中分配给老人养老的资源会被进一步压缩。

社区养老存在短板。社区养老是指使老年人不脱离所生活的家庭、社区，同时享受社区为老年人提供的各种服务，由于吸取了家庭养老和机构养老优势而受到人们的认可，成为应对人口老龄化挑战的重要方式。目前，易地扶贫安置点的社区养老存在较大短板，集中体现在社区能为老年人提供的医疗健康服务、应急服务、居家生活照料及文化娱乐服务十分有限。其原因主要有以下几点：一是缺乏专业的社区工作队伍。易地搬迁社区的工作人员通常还是延续了原有村庄的一套班子，整体而言年龄偏大、学历不高，习惯于用老办法解决新问题，对城镇社区养老的关注和经验都很匮乏。二是参与社区养老服务的社会力量较少。社区日间照料中心、老年医疗保健中心和老年文体活动中心的建立与运行是一项复杂工程，不仅需要党和政府牵头，还需要养老企业、家政企业、餐饮企业、医疗机构、社工组织、慈善组织等多元主体参与其中，只有引入更多的人力和资金才能保障社区养老服务的供给。三是社区养老需要建立在信任和互助的基础上。异地搬迁安置点社区的老人通常来自不同地区，缺乏血缘、地缘、文化认同等纽带，人际互动较少，难以在短时间内形成良好的邻里互助关系，进一步阻碍了社区养老的发展。

2. 启示

提升易地扶贫搬迁社区养老服务质量。一是强化政府兜底保障能力，为特困老人提供救济、为全体老人提供基础保险保障；二是大力促进社区就业，增强搬迁社区家庭赡养能力和老年人自我养老能力；三是加强搬迁社区养老服务配套设施的建设，健全社区的卫生健康服务和文化服务；四是探索社会力量参与和助力搬迁社区养老服务的新模式。

作为一个易地扶贫搬迁安置点，五福社区的养老探索具有几个鲜明的特征：一是强化"党建+体系"建设，坚持支部带头，推行网格化管理，打造500米党员服务圈，实现有困难的地方就有党员、有老年人需要的时候就有党员。二是坚持政府兜底，为老年人提供基本生活保障。三是依托社区，通过建设乡愁馆、组织文体活动和创办"银龄课堂"等方式丰富老年人的精神生活。四是发展产业，通过就近解决年轻人就业的方式来完善家庭的养老功能。这些有益的经验，有助于进一步探索易地扶贫搬迁社区养老服务的成功模式。

第八章

欠发达地区养老服务高质量发展的路径与对策

"十四五"时期中国将进入中度老龄化阶段，老龄化速度持续加快，高龄老人规模急剧增长，养老服务供需矛盾愈加突出。"未富先老"特征是尚处于经济赶超阶段的贵州省面临的重大挑战。积极应对人口老龄化国家战略要求更加主动、更具前瞻性地破解人口结构变化带来的严峻挑战，必须在改革与发展中破解中国特有的养老难题，加快居家社区机构相协调、医养康养相结合的养老服务体系，补齐人力资源供给短板，推动养老服务业发展成为国民经济支柱产业，妥善处理好"家庭保障"与"社会保障"之间的关系，不断提高老年人生活品质。以贵州为代表的经济欠发达地区，在积极应对人口老龄化战略实践中，既要面临一般性的问题与挑战，也要面临自身特殊的人口、经济与资源约束，其难度更大、任务更加艰巨，需要把握总体趋势与自身特征，积极探索创新举措，推动养老服务高质量发展。

一 新时代养老服务发展面临的普遍矛盾

快速老龄化带来的养老需求激增与养老服务人员供给短缺之间的矛盾。中国老龄化速度之快世界少有，65岁及以上老年人占总人口比例从7%提升到14%，发达国家大多用了45年以上的时间，美国、澳大利亚用了约80年，中国仅用25年左右就完成了这个历程。"十四五"时期中国老龄化进程持续加速，中华人民共和国成立初期的"婴儿潮"一代陆续进入老年阶段，新增老年人口规模将是"十三五"时期的1.5倍，15—64岁劳动力供给将减少约3000万人。目前，中国失能半失能老人超过4400万人，按照国际标准每3名失能老人配备1名护理员估算，至少需要1400多万名护理人员，预计到2050年护理人员需求规模将达到3200万人，而目前全国养老护理专业从业者不到100万人，持证上岗人数不足30万，养老服务的供需矛盾尖锐。

家庭功能弱化与社会保障发展滞后的双重挑战。生育率下降和城乡人口大规模流动，导致家庭规模持续缩小，家庭小型化特征明显，空巢老人现象突出。2010年第六次全国人口普查数据显示，核心家庭比例已经下降到60%，单人户家庭比例上升到14%，2015年国家卫计委调查显示，2—3人的小型家庭已经成为家庭主流，空巢老人占老年人总数一半，独居老人占老年人总数约10%，根据中国社会科学院人口仿真与就业监测实验室预测，"十四五"时期全国累计失独家庭规模将达到约300万户。家庭结构变化导致传统"家庭功能"弱化，尤其农村社会保障和照护体系发展滞后，农村养老问题更加严峻。

过早退休与健康状况过快退化的叠加影响。中国退休制度存在刚性，平均实际退休年龄仅为53岁，过早退休不仅带来劳动力资源浪费，也带来健康退化风险。当前老年健康出现了一些新现象、新问题，信息时代给老年人健康带来新挑战，老年人互联网和智能手机普及率大幅提高，老年人"网瘾"问题显现，户外活动和锻炼时间减少，身心健康问题突出。2018年中国人均健康预期寿命为68.7岁，与人均预期寿命76.4岁的差距接近8年，带病生存期较长。女性老年人更倾向于户外活动（如流行的"广场舞"），男性老年人健康退化更为突出，目前男性与女性平均预期寿命差距已经超过5岁，预计这一差距将继续扩大，养老压力持续加剧。

传统儒家文化与市场经济理念之间的冲突。传统儒家文化倡导家庭观念和孝道观念,"养儿防老""居家养老"更容易被接受。现代市场经济体系强调风险共济和个体责任,社会保障和机构养老是合理的选择。这种传统儒家文化与现代经济运行机制之间的冲突在养老问题上表现尤为突出。中国社会科学院2020年全国养老服务需求抽样调查显示,仅有24%的老年人表示愿意去养老院,子女对机构养老的态度比老人更保守,仅有10%的子女表示愿意送老人去养老院。年龄大、失能老人反而更不愿意去养老院,但子女态度发生了微妙变化,年龄大、失能老人的子女愿意送老人去养老院的比例提高到24%,反映出老年照护的迫切需求会改变养老观念和态度。

养老服务人才队伍为最大短板之一。"十四五"时期中国养老服务人员需求"缺口"高达1400多万人,养老服务人才队伍短板突出,导致养老服务产业出现"空心化"现象。本章建议以养老服务人才培养体系为重点,加强养老服务人才队伍建设,建构教育部门高端人才培训体系,营造就业式中端培养体系,构建全社会普及低端培养体系,提高养老服务人员待遇和社会地位,最大限度满足养老护理服务需求,为人口老龄化高峰到来做好充分准备。失能老年人口居高不下,养老服务人员需求"缺位"达到1400多万人。中国人口老龄化导致失能老人规模扩大和长期护理需求增长,2016年7月,《人力资源社会保障部办公厅关于开展长期护理保险制度试点的指导意见》(人社厅发〔2016〕80号)发布。中国人均预期寿命为77.0岁,人均健康预期寿命为68.7岁,意味着老年人口有8年多的时间为带病期和伤残期。第五次中国城乡老年人生活状况抽样调查显示,失能老人占全体老人的比例达到11.6%。由于养老人才的统计制度尚未建立,目前尚无法得出准确数字。中国目前有超过4400万名失能半失能老人,这些老人离不开专业的护理人员。仅就4400万名失能老人来说,按照国际标准每3名失能老人配备1名护理员推算,至少需要1400多万名护理人员。全国养老护理专业型从业者不到100万人,持证上岗的人数亦不足30万人,具备医学、心理学、生理学、社会学等学位专业人才、针对失能和失智老人的护理人才更是稀缺。"十四五"长期护理保险制度将实施落地,必将出现护理服务人员"缺位"。

养老服务产业"空心化"。尽管养老服务产业随之进入快车道,但作为其核心资源的养老从业者却严重短缺,缺乏系统化的培养体系,导致养老服务产业"空心化"。民政部公布数据显示,2020年第二季度,中国养老机构有35814个,养老床位有791.9万张。其中养老机构床位450.1万张,社区养老床位341.8万张,比上年增长6.6%,每千名老年人拥有养老床位30.5张。"十二五"时期,在"9073"目标下养老床位数野蛮增长,但空置率高,"十三五"时期从增加床位数转向提高服务质量和入住率。"十四五"时期在推进社区养老模式下,更贴近老人需求的社区养老床位数将会迎来新的增长。如果按照国际公认的3张床位配备1名护理人员的标准计算,目前应该配备护理服务人员约300万人。而全国养老机构人员中持证上岗人数不足30万人,养老护理人员配备填充已迫在眉睫。养老人才存在着较大的地区差异,养老机构专业技术技能人员与在院老人的比例高的达1∶5,最低的地区则只有1∶36。护理人员是养老服务产业的核心,专业人才短缺阻滞养老服务产业发展。中国养老行业还没有形成较为成熟的养老服务人才培养体系,养老服务专门人才缺乏。与此同时,养老服务劳动强度大、缺乏专业性、养老护理职业社会声誉不高、薪酬低等现状,致使养老机构服务人员队伍不稳,人才流动性大且流失率高。

二 贵州养老服务发展面临的主要挑战

"未富先老"是最大的约束条件。"未富先老"是中国人口与经济发展面临的基本形势,贵州省同样面临这一挑战,而且相对于其他省份,贵州老龄化程度持续加速,而经济发展水平尚处于赶超阶段,"未富先老"特征更为突出。目前,贵州省人均GDP只有全国平均水平的60%,而老龄化程度要高出全国总体水平1.88个百分点。贵州省的经济体量与经济发展水平仍处在全国相对较后的位置,成为民生领域发展的重要约束因素。此外,在全国统一大市场环境下,贵州尚存的"人口红利"(反映为较高的生育水平和相对年轻的劳动力资源）面临东部经济发达地区越来越激烈的竞争，贵州面临着提供"人口红利"条件但享受不到"人口红利"的境况。这一人口发展基本形势，对于贵州省应对人口老龄化战略实施提出挑战，未来养老服务需求激增与经济发展仍处在赶超阶段将形成矛盾。可以说，人口与经济快速转型成为贵州养老服务发展的最重要"基础环境"与"硬约束"。

区域内部不平衡在经济发展与养老服务发展方面同样突出。2010年和2020年两次全国人口普查数据显示，贵州人口向省会城市贵阳快速聚集，十年间贵阳市人口增长近40%，而其他市（州）没有一个人口增长超过10%；人力资本短板突出且分布不均，2020年仅贵阳市15岁及以上人口平均受教育年限（10.28年）达到全国平均水平（9.91年），其他市（州）都在全国平均水平之下；地区之间经济发展水平差异较大，区域内部城乡差距较大，除了贵阳市城乡收入差距控制在3∶1之内，其他市（州）的城乡居民收入差距都超过3∶1。人口与经济发展的区域不平衡，必然反映到社会领域，也构成了包括养老服务在内的民生领域均衡发展的重要障碍。研究显示，目前贵州省养老服务机构分布出现较大区域不平衡特征，作为入选"积极应对人口老龄化重点联系城市"的贵阳市和遵义市，养老服务机构建设步伐较快，其他地市（州）的养老服务机构数量较少、质量偏低，建设步伐也相对较慢，不能满足快速增长的养老服务需求。

养老服务供给不足是养老服务体系建设的关键短板。贵州省的养老服务机构发展速度较快，机构数量呈逐年上升趋势，但仍然存在发展不足、质量不高等问题，尤其表现为：农村养老服务水平不高、居家社区服务供给不足、优质医疗照护资源缺乏以及老年友好型社会建设有待加强。供给不足既反映在养老机构数量较少，更突出表现为养老服务机构的运行效率与效益偏低，养老服务市场尚不成熟。一是养老服务机构运营状况不容乐观。尽管民营机构得到发展，机构占比提高，但亏损机构数也很多。二是养老服务机构的入住率低，失能半失能老年人入住率更低。调查显示，全省有 2/3 床位处于空置状态，失能半失能老年人只占入住老年人的 1/3，具有公共属性的敬老院和其他公办类的养老服务机构中失能半失能老人占比相对更低，形成了需求与供给的不匹配矛盾。三是照护人员队伍存在短板，持证从业照护人员比例很低。不同地区的养老服务机构照护人员配置存在差异，大多数地市州的持证照护人员比例只有 10%—20%。公办养老服务机构拥有更专业的护理人员，但失能半失能老人占比却不高，存在一定程度的资源配置损失。四是养老服务机构存在融资不足、结构失衡现象。省级资金和地方匹配资金占比达到约 30%，民办养老服务机构省级资金和地方匹配资金占比约为 5%。政府对于民办养老服务机构的政策扶持力度有待提升，营造公平竞争的市场环境。

养老服务供需矛盾突出是养老服务体系的关键"堵点"。通过家庭居民、养老机构、社区等多个层面调查，可以观察当前养老服务需求与供给的脱节，这种不匹配矛盾突出反映在社区层面。其一，老年人社区养老服务消费意愿增强与服务模式落后之间存在矛盾。随着年龄的增长，老年群体对社区养老的偏好提升，尤其是 80 岁及以上高龄老人对社区养老服务的需求显著增加。同时，老年群体的经济基础较好、收入来源广泛，对当前生活水平与经济状况较为乐观，具备将收入转化为养老消费的条件。然而，目前社区养老服务机构较少，机构人员与设施配置参差不齐，不少社区的适老化改造水平仍有待提升。其二，老年人医疗卫生需求增长与收入约束、医疗资源供给约束之间存在矛盾。老年群体具有慢性病高发、失能率随年龄快速提升的特点，同时老年群体内部的收入差距较大，部分困难老人的医疗、护理和照料负担过重。对于健康状况较差的老年人，专业可及的医疗卫生服务与完备的社会保障制度至关重要。然而，目前存在基层医疗机构（尤其是社区卫生服务中心）较少、居民自付医疗费用较高等问题，全生命周期医疗保障体系有待完善。其三，老年群体特征多样化与养老产品与服务种类单一化之间存在矛盾。老年群体具有老龄化程度低、外地户籍老人较多等特点，单一化的养老服务供给难以满足多样化的养老服务需求。此外，洗澡和上下楼是老年人最容易受损的两个日常生活活动能力，发展助浴、助行产品及服务最为急迫。目前，养老服务机构的建设进程较为缓慢，高科技、智能化的养老用具普及率较低，养老消费亟待升级。应针对有精力、有时间、有意愿发挥余热的"活力老人"及较难融入当地居民的"外来老人"设计差异化养老服务及产品，满足老年人多层次的养老服务需求，推动养老事业和产业协调发展。

社区居民养老服务供给发展滞后。社区居家养老始终是主要的养老方式，目前政策与资源更多向机构养老倾斜，社区嵌入式的养老服务供给体系尚不成熟。居家社区养老服务供给能力不足、供给水平不高、供给效率低、供给协同少、供需匹配性弱等问题突出，难以满足日益增长的养老需求，同时存在可持续性方面的严峻挑战。一是供给能力不足。目前贵州省社区养老服务机构和设施有1.01万个，社区养老服务机构和设施床位数有7.71万张，相对于2073个社区和453万名65岁及以上老年群体，存在较大缺口。二是供给水平不高，社区养老中心难以提供有效的康复理疗、精神慰藉等老年人最需要的服务。三是供给效率较低，对居家社区养老服务体系的投资较大，但效果不够理想，资金效率不高，服务供给效率低。四是供给协同较少，居家养老、社区养老、机构养老的提供者分别属于不同主体，存在目标、理念的差异，居家养老的供给者则来自民政、卫健、老龄委、社区等多条线，多元服务主体之间的协同性较低，制约了供给能力的扩张，造成浪费。四是供需匹配性弱，当前居家社区养老基本由政府作为公共服务来提供，多以标准化的形式提供，难以满足老年人日益多样化的养老服务需求。

养老服务领域的公共属性（政府职能）与产业属性（市场职能）界定不清是深层次体制机制问题。养老服务供给主体包括家庭、政府、社会和市场，在现实政策操作中，责任边界划分存在模糊地带，缺位、越位、错位现象广泛。养老服务床位"空置率高"与"一床难求"并存现象，市场需求强烈与社会资本谨慎进入的矛盾，以及民营机构亏损面大、政府补贴资金效率低甚至套取补贴违规行为等问题，这些现象背后的根源性矛盾在于没有理顺养老服务事业与养老服务产业发展的关系，没有清晰界定政府与市场的边界，导致公共投资与社会资本之间的相互挤压。这些问题既是全国性的普遍问题，也是公共服务领域长期存在的体制机制难题。贵州省养老服务体系创新发展必然要面临如何破解这一障碍，一些有益的探索实践和典型模式或许可以提供经验启示。

三　推动贵州养老服务高质量发展的对策建议

积极应对人口老龄化本质上要求在发展中寻求破解之道，需要妥善处理好"家庭保障"与"社会保障"之间的关系，明确政府、市场、社区和家庭的角色与功能，补齐公益性、基础性服务业供给短板，支持养老服务业发展，为老年人提供自我价值实现和美好人生的多样化选择。

一是依托社区开展居家养老服务，构建居家社区机构相协调、医养康养相结合的养老服务体系。采取社区"嵌入式"养老服务能够有效解决家庭与社会脱节问题，发挥社区养老、居家养老和机构养老的多种功能，也符合我国传统家庭观念。通过引入市场竞争机制，鼓励专业化、标准化的养老服务企业入驻社区，支持"互联网+养老服务"运营模式，依托养老服务云和大数据平台提供精细化的养老服务项目，实现政府、社会、社区与家庭的养老资源整合利用，依托社区平台提供生活照料、精神慰藉、心理调适、康复护理、临终关怀等多样化服务，满足不同健康状况老年人的养老需求。根据老龄化状况与养老资源供给情况科学规划养老服务资源，健全居家社区机构相协调的养老服务体系。首先，创新居家和社区养老模式，加强居家与社区养老的配合。推动公共设施适老化改造，提升城乡养老服务设施覆盖率，打造"横到边、纵到底"的社区居家养老服务网络，构建"15分钟养老服务圈"。其次，深化公办养老机构改革，完善公建民营管理机制，整合利用存量资源（如盘活国企闲置资产）增加养老服务供给，发展社区嵌入式养老；针对部分社区养老设施"小、散、弱"的现状，引进实力较强的民营企业，加强政策扶持，将部分社区养老服务站点交由机构统一运营，提升服务能力和水平。

二是鼓励多种养老服务模式创新发展。支持"公建民营"的模式,通过政府出场地、建基础设施,市场主体投资养老服务设施和运营,将投资大、风险高、回报周期长的重资产养老服务行业导入良性运行的轨道。积极探索"机构+社区+居家"的养老服务模式,拓展养老服务机构的业务范围和丰富养老服务内容。在县域范围内推行"1中心+N乡镇"的连锁发展模式,通过标准化管理模式和共享医疗资源来提升养老服务供给效率,让医院的服务范围覆盖旗下所有的福利院和敬老院,这种"自营医院+养老院"的特色医养结合模式可以让养老院入住老人享受无缝衔接的医疗服务。支持养老服务与小城镇建设、特色产业融合发展。把康养产业与乡村振兴结合起来,以整体流转的方式盘活当地闲置房屋资产,既提高了当地居民的经济收入,又为当地的基础设施建设贡献了力量,同时带动了周边旅游业、餐饮业的发展,助力乡村振兴。因地制宜,依托当地的生态环境、自然资源、历史文化等进行康养小镇的开发,立足特色资源和产业如中医药康养项目的开发,将中医药文化资源与生态康养理念深度融合,打造以中医康养为特色的高端康养基地。

三是支持养老机构市场化运营,厘清政府与市场的职能范围。养老事业与养老产业协同发展的核心问题在于合理界定政府与市场之间的关系,公办养老机构属于政府养老事业范畴,民营养老机构纳入养老产业发展范畴,养老事业与养老产业之间相互补充、避免相互挤压。机构养老目标群体主要面向高龄老人、失能半失能老人、空巢老人、失独老人等特定群体,政府主导的公办养老机构主要面向城乡困难家庭老人,民营养老机构面向普通家庭,满足多层次、多样化养老需求。养老床位供给的规划目标要充分考虑老年人口的年龄结构、健康状况以及区域分布,不宜简单按照老年人口每千人床位数进行配置,避免导致资源闲置和浪费。民营养老机构完全按照市场规则定价收费,对民营养老机构既不要过度行政干预,也不要过度补贴激励,"床位补贴"或"人头补贴"政策要逐渐退出,政策支持的重点是消除行业壁垒,降低制度性成本,鼓励和引导民间资本进入养老服务行业,培育壮大多样化、专业化的市场主体,营造公平竞争的市场环境，破解当前公办机构"一床难求"和民营机构"空置率高"的矛盾局面。

四是鼓励大数据、智能技术在养老服务中应用，支持"时间银行"互助养老服务模式。通过政企合作，由政府为"时间银行"出资、出场地，民营企业负责时间银行的运营管理，共同合作提升社区养老服务水平。创新时间积分兑换方式，将时间积分以生活小商品和日常服务等形式提前兑换给低龄老人志愿者，由此激发参与热情，解决"时间银行"的信任问题。鼓励大数据、智能技术在养老服务中的应用，引入智慧化软硬件设施，通过云平台为老年人提供物业服务、健康管理和远程照护等方面的服务，全方位、高效率地满足老年人的日常生活、养老照料和疾病诊疗等方面的需要。

五是推进医疗卫生资源下沉，健全治疗—康复—长期护理服务链。首先，加大对基层医疗卫生设施的扶持力度和养老护理型人才的培养力度，增加养老机构护理型床位供给，构建"15分钟医疗卫生服务圈"，更好满足高龄失能失智老年人医疗护理服务需求。其次，树立"预防是最经济最有效的健康策略"的理念，加强康复、老年病、长期护理、慢性病管理、安宁疗护等接续性医疗机构建设，构建全生命周期养老服务体系。最后，做好低收入老年群体的兜底保障工作，定向提升特困老人的医保报销比例、养老金待遇水平和政府补贴额度，尽快实施长期护理保险制度，推动保险公司增加商业健康险供给，搭建高水平公立医院与保险机构的对接平台，促进医、险定点合作。

六是鼓励差异化养老服务及产品创新，满足老年人多层次的养老服务需求，推动养老事业和产业协调发展。首先，关注老年群体的心理健康，解决老年人社交圈子缩小、孤独感增加等问题，推动养老机构的家庭化改造，营造家的氛围。其次，构建养老、孝老、敬老的社会环境，为老年人再就业和参与社会工作提供指导和帮助，在帮助老年人更好融入社会的同时促进人力资源充分利用。最后，大力发展银发经济，增加助浴、助行等产品和服务供给，开发智能化适老化技术，培育智慧养老新业态，针对老年人的差异化需求提供定制化养老服务。

七是加强养老服务专业人才培养，发挥市场机构培养专业人才的作用。"十四五"时期养老服务体系建设的重点是补齐人才短板，建构高端人才培训体系，鼓励高等院校和职业院校开设相关专业，设立社会福祉专业和国家福祉师资格认证，培养看护经理、护理鉴定师、福祉师等新兴人才。目前，中国的养老人才培养主要有中高职学历教育和职业资格认证两大体系。有159所高职院校开设了相关专业，但在教育部的学科建设中，社会福祉专业（老年服务学科）一直归类于"社会工作专业"。鼓励高等院校和职业院校开设相关专业，设立社会福祉专业，应对老龄社会的学科构架与人才培养目标。营造就业式中端培养体系，专门提供护理技能学习条件，学习群体应面向未就业女性、再就业"50后""60后"，提高他们对护理职业的认识和专业的技能，促进参与、提高资质待遇等。力求通过学习专业知识和技能，明确专业性，促进从事护理工作人员的长久化、固定化，保障护理人才队伍的成长和壮大。构建全社会普及低端培养体系，"互联网+养老护理学习"开设线上线下学习课程，让失能老人家庭成员学习掌握技能，避免"一人失能全家失衡"。鼓励高中生、大学生、志愿者利用假期参与养老护理学习，参与养老服务事业。[①] 提高养老服务人员待遇和社会地位，一些地方采取住房一次性补贴、定向培养护理服务人员并优先推荐工作、老后提供优先入住养老机构等创新举措值得总结推广。

八是加快补齐养老服务"短板"，关注特殊困难群体的养老问题。对

---

① 近年来，日本政府致力于高端护理人才体系的建设，从追求补缺数量的"馒头"形向培养高端人才的"富士山"形转变。目前，具体措施是教育机构（大专、大学）和社会上的人才培训机构设置"社会福祉"专业，介护福祉士、社会福祉士需参加国家考级，同时形成了教育与养老服务产业的对接。例如，日医学馆凭借20世纪60年代做医疗机构人才培训的基础和品牌信誉，在护理保险制度实施后，增加了养老护理、高端管理人才培训等业务，全国各地的日医学馆开设讲座"旗舰店"，星罗棋布地开设在各地的车站附近，开办收费专业讲座。家庭护理员讲座、护理福利士应试讲座、护理管理师讲座等，为养老护理机构培养了大批医疗、护理领域的优秀人才。在日本全国设有12321个讲座网点，300多家养老设施，为14万名老年人提供护理服务。2013年，日医学馆的主营业务收入稳步增长，高达2750亿日元，净利润近40亿日元。同时，日本早在1987年就制定了《社会福祉士及介护福祉士法》，规定了护理人员作为核心专业人员的地位，并明确了养老护理人员的资格认证，按照参加养老服务工龄提高工资待遇和津贴。

于农村贫困监测人员、低保人员、特困人员等群体，加大养老服务供给水平和质量。提升易地扶贫搬迁社区养老服务质量，强化政府兜底保障能力，为特困老人提供救济、为全体老人提供基础保险保障。大力促进社区就业，增强搬迁社区家庭赡养能力和老年人自我养老能力。加强搬迁社区养老服务配套设施的建设，健全社区的卫生健康服务和文化服务。探索社会力量参与和助力搬迁社区养老服务的新模式。

九是全面实施长期照护保险制度，做好老龄化高峰阶段的养老资源储备。长期照护保险制度旨在保障基本的长期照护服务需求，筹资模式应该以用人单位和个人为主、政府补贴和集体支持为辅，特殊困难群体、失独老人等群体在缴费环节给予财政补贴。待遇支出要基于科学的评估方法与认定标准，建立评估专业人员队伍，对老年人生理、心理、精神、经济条件和生活状况等进行综合评价，依托社区建立评估点，采取政府购买服务、社工介入等方式鼓励社会力量参与。现有针对特困供养老年人、重度残疾老年人等护理补贴政策直接纳入长期照护保险制度。

十是积极开发老年人力资源，为养老服务体系释放压力。退休人员是宝贵的潜在人力资源，鼓励老年人重返劳动力市场是实现健康老龄化、积极老龄化的重要举措。首先，在延迟法定退休年龄的基础上，引入弹性退休制度，为处于退休年龄阶段的老年人提供更多选择。其次，提升中老年人的健康水平，加强人力资本积累，推行终身学习体系，以"培训券"等方式激励退休人员提升技能水平和再就业能力，鼓励用人单位续聘或返聘退休人员。最后，加强家庭照料服务体系建设，尤其是补齐0—3岁托育服务体系短板，释放退休人员的劳动供给潜力。此外，完善保障中老年人就业的法律法规，探索非全职就业、灵活工作时间等举措，通过社保费豁免、个人所得税优惠等政策为其创造良好就业环境。

附件 1

贵州养老服务机构调查表

说 明
为积极应对人口老龄化，加快贵州省养老服务业发展，根据《贵州省养老服务体系"十四五"规划》任务要求，由中国社会科学院等机构开展全省养老服务机构调查，旨在为相关规划实施与政策决策提供支撑。请贵单位积极支持配合、认真填报，共同推进养老服务业发展！ 2022 年 3 月

一、基本信息	
地址	_____市/州_____区/县_____街道/镇［下拉菜单选项］ _____（具体到门牌号）
机构名称与代码	机构名称：_____；统一社会信用代码：_____
负责人与联系方式	负责人：_____；电话号码：_____
机构类型	1. 敬老院　2. 福利院　3. 养老院/老年养护院/老年公寓 4. 日间照料中心　5. 社区嵌入式养老机构　6. 其他（____）
机构性质	1. 公办　2. 公建民营　3. 民办民营　4. 其他（_____）
正式运营时间	_____年_____月
建筑面积	总建筑面积：_____平方米；床位用地面积：_____平方米
二、床位使用情况	
总床位数	_____张；目前实际使用_____张
24 小时全托床位	_____张；目前实际使用_____张
日托床位	_____张；目前实际使用_____张
护理型床位	_____张；目前实际使用_____张

续表

入住全托老年人数	总人数：_____人；其中，失能半失能：_____人； 男性：_____人；女性：_____人； 80岁及以上高龄老人：_____人； 配偶/夫妻共同居住：_____人
服务日托老年人数	总人数：_____人；其中，失能半失能：_____人； 男性：_____人；女性：_____人； 80岁及以上高龄老人：_____人； 配偶/夫妻共同居住：_____人
床位周转情况	2021年度累计新入住老年人_____人； 其中，失能半失能老人_____人。 2021年度累计退床老年人_____人； 其中，失能半失能老人_____人。 上月新入住老年人_____人； 其中，失能半失能老人_____人。 上月退床老年人_____人； 其中，失能半失能老人_____人
三、养老服务项目与设施	
是否建立老年人能力评估标准	1. 是　　2. 否
是否配备专门的助浴间（陪助浴床或助浴椅）	1. 是　　2. 否
是否配备抢救室	1. 是　　2. 否
是否提供医养结合服务	1. 是　　2. 否
是否有《医疗机构执业许可证》	1. 是　　2. 否
是否配备临终关怀室	1. 是　　2. 否
是否配备24小时生命体征监测	1. 是　　2. 否
是否开展定期体检服务	1. 是　　2. 否
四、养老机构服务人员情况	
当前在职人员数量	总人数：_____人； 男性：_____人；女性：_____人

续表

职工类型	事业编制人员：_____人；合同聘用人员：_____人
学历结构	中专/中职学历：_____人；大专/高职学历：_____人； 本科及以上学历：_____人
护理人员数量	总人数：_____人；护理专业学历人数：_____人； 持有护理员职业资格证书人数：_____人，其中， 初级护理员（五级）：_____人； 中级护理员（四级）：_____人； 高级护理员（三级）：_____人； 技师（二级）：_____人； 高级技师（一级）：_____人
全职护士	总人数：_____人
全职医师	总人数：_____人
康复理疗师	总人数：_____人
心理咨询师	总人数：_____人
健康照护师	总人数：_____人
社会工作者	总人数：_____人
后勤服务人员	总人数：_____人
行政管理人员	总人数：_____人
人员流动情况	2021年度累计入职员工_____人；其中，护理员_____人； 2021年度累计离职员工_____人；其中，护理员_____人
人员培训	2021年全年开展各类员工培训_____人次；其中， 开展护理技能培训_____人次
五、机构运营情况	
收费标准 (含床位费、护理费、 伙食费等)	全托普通床位：_____元/月； 全托护理型床位：_____元/月； 日托普通床位：_____元/月； 日托护理型床位：_____元/月
员工工资 (含社保和个税)	护理员平均工资：_____元/月； 全职护士平均工资：_____元/月
2021年度收入	总收入：_____万元；其中， 经营收入：_____万元； 财政补贴：_____万元

续表

2021年度支出	总支出：_____万元；其中， 员工工资（含社保）支出：_____万元； 培训费用：_____万元； 支付贷款利息：_____万元
政策支持资金	累计获得各类财政补贴资金：_____万元；其中， 机构建设补贴：_____万元； 床位运营补贴：_____万元； 奖励资金：_____万元
信贷情况	累计获得的银行贷款：_____万元； 尚未偿还的银行贷款：_____万元； 综合贷款利率：_____%
机构发展规划	2022年计划扩建建筑面积：_____平方米； 2022年计划新建床位：_____张； 2022年计划退出床位：_____张
面临困难与政策需求	请简要描述：_____ _____

调查说明

（一）注意事项

1. 填答信息完整、准确，避免简写、缩写引起歧义。

2. 由熟悉本单位情况的人员填报，如行政部门、财务部门相关负责人。

3. 机构名称、统一社会信用代码务必仔细核实，填报准确。

4. 没有特别提示，填写数字取整数，不需要保留小数点。

5. 确实无法回答、不清楚、不适用的问题，填报9999。

6. 有选项的问题，原则上为单选题。

7. 注意部分问题之间存在逻辑关系，例如在职人员总人数等于男性与女性之和。

8. 注意相关问题的时间、时期限定，避免填报数据错误。

9. 注意相关数值的单位，避免填报数据错误。

10. 选择"其他"项目，请务必注明具体内容。

（二）概念解释

1. 老年养护院：指主要为失能、半失能老年人提供生活照料、健康护理、康复娱乐等服务的专业照料机构。

2. 敬老院：指为无劳动能力、无生活来源又无法定赡养、抚养、扶养义务人或者法定义务人无履行义务能力的农村特困人员提供基本生活条件和照料护理服务的公益性服务机构，包括由乡、镇、建制村管辖建设的敬老院和由县民政部门统一规划建设的服务周边几个乡的区域性敬老院、中心敬老院。

3. 福利院：是国家、社会及团体为救助社会困难人士、疾病患者而创建的，用于为这些老年人提供衣食住宿或基础医疗条件的爱心福利院场所。

4. 社区养老机构：以家庭为核心，以社区为依托，以老年人日间照料、生活护理、家政服务和精神慰藉为主要内容，以上门服务和社区日托为主要形式，并引入养老机构专业化服务方式的居家养老服务体系。

5. 老年公寓：专供老年人集中居住，符合老年体能心态特征的公寓式老年住宅，具备餐饮、清洁卫生、文化娱乐、医疗保健服务体系，是综合管理的住宅类型。

6. 公建民营：政府通过承包、委托、联合经营等方式，将政府拥有所有权但尚未投入运营的新建养老设施运营权交由企业、社会组织或个人的运营模式。

7. 全托床位：为老年人提供24小时全托服务，内容包括生活照护、营养膳食、健康管理、康复理疗、文化娱乐活动等。

8. 日托床位：白天在养老机构生活，晚上回家居住或者短暂居住养老院，提供日间照料的养老服务，一般不提供住宿照料服务。

9. 护理型床位：保障失能老年人基本生活照料和护理服务的床位设

施,一般要求符合以下条件,配置护理床,具备移动、防滑、辅助起坐等基础护理功能,按照一定的比例配备养老护理人员,老年人居室、卫生间、浴室、餐厅、公共活动空间实现无障碍,配备协助失能老年人移动、就餐、洗浴、如厕等基本生活和服务所需辅助器具。

附件 2

贵州社区基本公共服务调查表

层级	市辖区					街道（乡镇）				居委会		
名称												
编码												
填报说明	请根据社区居委会掌握资料，结合实地走访，填报本社区所辖区域的基本公共服务设施情况。【备注】：没有的填写0，特殊情况请在"备注"栏文字说明。灰色区域需要填写，其他地方非必要请勿修改											
序号	问题						选项/单位				填答	备注	
1	社区管辖区域的面积多少？						平方千米						
2	有几所小学？						所						
3	其中，有几所市重点小学？						所						
4	是否有初中？						1. 是　2. 否						
5	是否有普通高中？						1. 是　2. 否						
6	是否有市重点中学（初中或普通高中）？						1. 是　2. 否						
7	过去五年，是否集中进行过适老化设施改造（无障碍通道、地面防滑处理等）						1. 是　2. 否						
8	是否属于老旧小区？						1. 是　2. 否						
9	过去五年，是否集中进行过老旧小区改造？						1. 是　2. 否						
10	社区是否有公租房建设项目？						1. 是　2. 否						

续表

序号	问题	选项/单位	填答	备注
11	是否有社区卫生服务中心（站）？	1. 是　2. 否		
12	目前社区卫生服务中心有多少医护人员？	人		
13	三千米范围内是否有综合性三甲医院？	1. 是　2. 否		
14	公共健身场地的实际用地面积？	平方米		
15	是否有大型综合商场或购物中心？	1. 是　2. 否		
16	一千米范围内是否有公园？	1. 是　2. 否		
17	社区是否有派出所驻地/警务室？	1. 是　2. 否		
18	目前社区居民委有多少专职工作人员？	人		
19	其中，中共党员多少？	人		
20	大专及以上学历多少？	人		
21	目前社区共有多少网格员？	人		
22	社区居民委办公场所的建筑面积？	平方米		
23	社区居民委是否有日常办公的管理信息系统？	1. 是　2. 否		
24	社区有多少家庭享受最低生活保障？	户		
25	社区需要管理的社区矫正对象有多少？	人		

社区"一老一小"摸底表

| 填报说明 | 请根据社区居委会掌握资料，结合实地走访，摸底填报本社区所辖区域全部托育服务机构、幼儿园、日间照料中心、养老服务机构。请确保信息填报完整。
【备注】：收费标准含托位、学位或床位费以及伙食费。教师含专业教师与保育员。类型：1. 公立 2. 普惠 3. 私立 |

幼儿园及其托育情况

名称	类型	建设学（托）位数（张）	使用学（托）位数（张）	收费标准（元/月）	教师人数（人）	总建筑面积（平方米）	联系人	联系电话
幼儿园1								
若提供0—3岁托育服务：其中托育								
幼儿园2								
若提供0—3岁托育服务：其中托育								
幼儿园3								
若提供0—3岁托育服务：其中托育								

续表

专门0—3岁托育机构（不含早教中心）

名称	类型	建设托位数（张）	使用托位数（张）	收费标准（元/月）	托育教师人数（人）	总建筑面积（平方米）	联系人	联系电话
专门0—3岁托育机构1								
专门0—3岁托育机构2								
专门0—3岁托育机构3								

老年人日间照料中心

名称	类型	建设床位数（张）	使用床位数（张）	收费标准（元/月）	护理员人数（人）	总建筑面积（平方米）	联系人	联系电话
日间照料中心1								
日间照料中心2								
日间照料中心3								

养老服务机构

名称	类型	建设床位数（张）	使用床位数（张）	收费标准（元/月）	护理员人数（人）	总建筑面积（平方米）	联系人	联系电话
养老服务机构1								
养老服务机构2								
养老服务机构3								

附件 3

贵州社区基本公共服务调查填报说明

一　填报方式

在线填报，登录网址：http://shequ.culs.org.cn；

账号（密码）：12位社区编码（同社区摸底表一致，见附件）。

二　注意事项

1. 请在电脑上使用Microsoft Edge、Chrome、Firefox等浏览器填写，不要在手机上填写。

2. 填写过程中，没有相关内容的，要填写0，不要留空。

3. 填写过程中，数据自动保存，临时暂停、退出、断网等不影响数据保存，再次登录后继续填报即可。

4. 问卷中设计了逻辑校验，出现错误提示（红色）后，要进行修订；出现异常值提醒（黄色）后，要核实填写是否有误。

5. 填写完整后，请核实一遍数据是否完整、准确，在问卷最后点击"完成"才算正式提交。

6. 对于填写不完整或填写有错误的问卷，项目组会将问卷驳回，请修订后再次提交。

7. 表中相关机构的联系人和联系方式，请填写完整准确，以便于课题组进行回访沟通。

8. 建议先使用"社区公共服务调查表（Excel样本）"采集相关信

息，再通过电脑登录系统进行集中填报。

社区基本公共服务调查抽中社区名单

社区代码（账号）	市辖区	街道名称	社区名称
520102016006	南明区	新华路街道	电力巷社区居民委员会
520102018001	南明区	水口寺街道	宝山南路社区居民委员会
520102019002	南明区	中华南路街道	公园南路社区居民委员会
520102021006	南明区	遵义路街道	二七路社区居民委员会
520102022006	南明区	兴关路街道	尚义路社区居民委员会
520102023007	南明区	沙冲路街道	朝阳洞路社区居民委员会
520102024010	南明区	望城街道	大正雨曦社区居民委员会
520102025014	南明区	太慈桥街道	国际城二社区居民委员会
520102027005	南明区	油榨街道	东宝社区居民委员会
520102028001	南明区	中曹司街道	皂角井社区居民委员会
520102029004	南明区	二戈街道	泰安巷社区居民委员会
520102031001	南明区	花果园街道	松山南路社区居民委员会
520102033001	南明区	五里冲街道	中园社区居民委员会
520103019004	云岩区	大营路街道	兴黔社区居民委员会
520103019014	云岩区	大营路街道	金狮社区居民委员会
520103021006	云岩区	文昌阁街道	电台街社区居民委员会
520103022002	云岩区	盐务街街道	永安社区居民委员会
520103023001	云岩区	普陀路街道	和平社区居民委员会
520103024007	云岩区	八鸽岩街道	北新区路社区居民委员会
520103025008	云岩区	毓秀路街道	龙井路社区居民委员会
520103028008	云岩区	头桥街道	宏福社区居民委员会
520103028015	云岩区	头桥街道	金谷社区居民委员会
520103029005	云岩区	三桥路街道	恒大名都社区居民委员会
520103030009	云岩区	马王街道	白橙社区居民委员会
520103100006	云岩区	黔灵镇	银枫社区居民委员会
520111005008	花溪区	阳光街道	徐家冲社区居民委员会

续表

社区代码（账号）	市辖区	街道名称	社区名称
520111007005	花溪区	溪北街道	上水社区居民委员会
520111008001	花溪区	黄河路街道	清水江社区居民委员会
520111009001	花溪区	平桥街道	五山社区居民委员会
520111009006	花溪区	平桥街道	兴隆社区居民委员会
520111011001	花溪区	金筑街道	金溪社区居民委员会
520111102002	花溪区	石板镇	第二社区居民委员会
520112006006	乌当区	新创路街道	新欣社区居民委员会
520112006007	乌当区	新创路街道	清溪社区居民委员会
520113005002	白云区	泉湖街道	天林社区居民委员会
520113005003	白云区	泉湖街道	米兰春天社区居民委员会
520113007003	白云区	云城街道	迎宾社区居民委员会
520113009004	白云区	都拉营街道	云都社区居民委员会
520115003005	观山湖区	金华园街道	金府居委会
520115004009	观山湖区	长岭街道	上洲居委会
520115006010	观山湖区	世纪城街道	慧慈社区
520115006013	观山湖区	世纪城街道	龙耀社区
520115007011	观山湖区	金阳街道	云潭居委会
520115007016	观山湖区	金阳街道	云境居委会

附表 4

贵州养老服务住户抽样调查方案

一 调查范围和目标样本量

贵阳市为调查区域，抽样以城市为总体，① 抽选对城市有代表性的本地户和外来户样本。目标样本量为 1000 户，其中本地户为 600 户，外来户为 400 户。

二 抽样方法

以城市为总体，采用两阶段抽样方法抽选样本。

第一阶段抽取居委会，由项目组负责。采用分层 PPS 抽样方法抽取居委会样本，即按照居委会的外来人口数对每个城市主城区内的所有居委会进行分层，在每一层内按照地址码进行排序，采用与常住人口规模成比例的 PPS 抽样方法抽选出预定数量的居委会。

第二阶段抽取住宅和住户，由项目组负责，调查实施方和社区协调员配合现场工作。项目组将抽选出的居委会样本和少量备用样本下发给各城市。各城市调查实施方和抽中居委会的社区协调员对居委会样本进行确认、填写抽中居委会补充调查表，根据实际上报情况，项目组决定是否增

---

① 调查不包括大学宿舍、福利院、养老院、监狱、军营等公共机构内以集体形式居住的住户，也不包括全部由外籍人员和中国港澳台居民组成的住户。

加工地工棚或工厂宿舍方面的特殊样本。然后调查实施方会同社区协调员进行建筑物清查并填写建筑物列表。项目组在每一个抽中的居委会内，先抽一定数量的建筑物。调查实施方会同社区协调员对抽取建筑物中的所有住宅进行摸底，填写住宅列表。项目组根据摸底信息分别建立本地户和外来户的住宅抽样框资料，最后采用随机等距方法抽选出一定数量的本地户和外来户。

三　第一阶段的抽选

1. 居委会抽样框

为了建立有效、准确的村级抽样框，项目组根据第七次全国人口普查资料，收集整理了城市主城区范围内所有居委会的基本资料，信息包括居委会的12位地址码、居委会名称、居委会所属的街道（镇）以及市辖区的名称、居委会2020年的常住人口数和外来人口数等。主城区所覆盖的市辖区范围、主城区所辖的居委会个数，以及抽中居委会的个数根据人口规模实际情况确定。

2. 居委会的抽样

采用分层PPS抽样方法抽取40个居委会样本。首先，按照居委会的外来人口数是否大于等于300人，将每个城市主城区内的所有居委会分成两层，即外来人口稀少层（外来人口小于300人）和普通层（外来人口大于等于300人）。其次，在每一层内按照地址码进行排序，采用与常住人口规模成比例的PPS抽样方法抽选出预定数量的居委会，其中在外来人口稀少层中抽取4个居委会样本，在普通层中抽取36个居委会样本。

四　第二阶段的抽样

第二阶段的抽样是在抽中居委会内进一步抽选住宅。在贵阳的每个抽中居委会中，目标样本量为25户，其中本地户为15户，外来户为10户。考虑到拒访和联系不上等情况，在住宅抽选时采用过度抽样的做法，过度抽样系数设置为1.8倍。在具体操作上，住宅抽选工作分以下五个步骤进行。

第一步：居委会样本的确认和信息补充。调查实施方会同抽中居委会的社区协调员对居委会样本进行确认，填写补充调查表。

第二步：建筑物清查并填写建筑物列表。调查实施方会同社区协调员通过实地观察，对居委会地域范围内所有有人居住的建筑物进行清查，并填写建筑物列表。

第三步：抽选建筑物。项目组根据建筑物列表，采用随机等距抽样方法抽选出一定数量的建筑物。

第四步：摸底调查并填写住宅列表。调查实施方会同社区协调员对抽中建筑物中的所有住宅进行摸底，构建住宅抽样框资料。摸底主要是识别住宅是否有人居住，如果有人居住，居住的是本地户还是外来户。根据摸底资料，分别整理出有本地户居住的住宅名录和有外来户居住的住宅名录，为下一步抽选住宅提供抽样框资料。

第五步：抽选住宅。根据住宅抽样框资料，项目组抽选出预定数量的本地户和外来户住宅样本。考虑到拒访和联系不上等情况，在住宅抽选时采用过度抽样的做法，过度抽样系数设置为 1.8 倍。根据有本地户居住的住宅名录和有外来户居住的住宅名录，按照随机等距抽样方法抽选出一定数量的有本地户居住的住宅和一定数量的有外来户居住的住宅。

五　社区摸底表格填写注意事项

1. 基本任务：两个步骤、三张表格

第一步：提供社区常住人口基本信息，摸清所有居民住宅用途的建筑物。

第二步：对项目组抽中的拟调查建筑物，摸清该建筑物所有居民住宅情况。

完整填写三张表格：

附表1：抽中居委会补充调查表

附表2：建筑物列表

附表3：住宅列表

2. 附表1：抽中居委会补充调查表

填写常住人口数量，不是家庭户数。

本地人口指有市辖区（南明区、云岩区、花溪区、乌当区、白云区、观山湖区）、所辖郊县（开阳县、息烽县、修文县）以及县级市（清镇市）户口的人。

外来人口是指贵阳市域以外的人口，包括贵州省内其他地级市和贵州省以外的人口。即省内迁移和跨省迁移人口。

常住人口数＝本市户籍人口数+外市户籍人口数。F1＝F2+F3。

F4和F5若没有，应填"0"；若有，应填写实际"居住的外市人口数"，不能留空。

3. 附表2：建筑物列表

填写住宅户数，不是居住人数。

外地户：家中所有人都没有贵阳市户口，才能算作外地户。

本地户：家中只要有一个人有贵阳市户口，就算作本地户。

调查对象是当前实际住户，不是房主或房东。

排除大学宿舍、福利院、养老院、办公楼、厂房等非居民住宅建筑物。

正在拆迁、未入住的回迁房，此类建筑物不列入。

地下室要列入住宅数中。

无人居住的空宅不列入住宅数中。

散落平房或临时搭建工棚，组合起来作为一个建筑物列在最后。

建筑物可以按照居委会相关资料的顺序，也可以按照一定的行走路线进行编号。

4. 附表3：住宅列表

建筑物名称要按照抽中的建筑物名称填写，如×××小区×××号楼；住宅地址中不包括建筑物名称，直接填写具体的单元和房间号，如×××单元×××。

住宅标识直接填写相应的序号（1—4），不需要写文字。

一宅多户备注填写实际居住户数和住户类型，如"2个本地户""3个外来户""1个本地户、2个外来户"等。

一宅多户的住宅标识，填写原则是：只要有一个户为外地户，即视为外地户，选择2；只有全部都是本地户，才选择1。【注意住宅标识与住户类型区分标准不同】

一户多宅情况（建筑物中两个或多个住房归属一户）只填写其中一个住宅。

经项目组核实后，部分超大建筑物可做特别处理：

"只摸单号楼层"：只填写××号楼101、102……301、302……501、502……

"只摸双号楼层"：只填写××号楼201、202……401、402……601、602……

"只摸3的倍数楼层"：只填写××号楼301、302……601、602……901、902……

住宅列表是一个完整的Excel表格，所有被抽中建筑物的住宅信息填在一张表格中，不需要按照建筑物分别填写和提交。

5. 其他注意事项

建筑物和住宅摸底要不重不漏。

附表2和附表3的Excel表格跨页时不需重新添加表头，直接在下面添加行即可。

社区摸底过程中，若碰到特殊情况，如超大社区建筑物太多（2万人以上）、建筑物不规则且数量过多（以低矮楼或平房、自建房为主）、大范围拆迁等，及时与项目组反馈，讨论商定解决方案。

住宅列表（附表3）直接用于最终被调查户的抽取，请仔细核实、确保信息准确，尤其注意住户类型（本地户还是外地户）不能混淆。

参考文献

中共中央宣传部编：《习近平新时代中国特色社会主义思想学习纲要（2023年版）》，学习出版社、人民出版社2023年版。

中共中央党史和文献研究院编：《习近平关于力戒形式主义官僚主义重要论述选编》，中央文献出版社2020年版。

陈赛权：《养老资源自我积累制初探》，《人口学刊》1999年第5期。

崔树义、田杨：《养老机构发展"瓶颈"及其破解——基于山东省45家养老机构的调查》，《中国人口科学》2017年第2期。

封铁英、曹丽：《养老机构老年人社会支持、健康自评与养老服务使用实证研究》，《西安交通大学学报》（社会科学版）2018年第4期。

葛延风、王列军、冯文猛等：《我国健康老龄化的挑战与策略选择》，《管理世界》2020年第4期。

韩烨、冀然、付佳平：《民办养老机构可持续发展的困境及对策研究》，《人口学刊》2021年第4期。

韩振秋：《日本科技创新应对人口老龄化经验借鉴》，《科技管理研究》2021年第4期。

郝秋江：《民办养老机构服务能力影响因素及实证研究——以成都市为例》，《西南交通大学学报》（社会科学版）2017年第5期。

郝涛、商倩、李静：《PPP模式下医养结合养老服务有效供给路径研究》，《宏观经济研究》2018年第11期。

何宏莲、李晓东：《我国养老产业集群发展应对人口老龄化策略》，《学术交流》2020 年第 10 期。

雷耀、施绍根：《贵州养老事业与养老产业协调发展》，《中国社会工作》2022 年第 26 期。

李海舰、李文杰、李然：《中国未来养老模式研究——基于时间银行的拓展路径》，《管理世界》2020 年第 3 期。

李胜会、杨瑶：《长期护理需求多维测度及影响因素研究》，《宏观经济研究》2021 年第 1 期。

李砚忠、牛顺娇：《人口老龄化背景下的社区居家养老模式研究——以 G 市 14 家日间照料中心为例》，《南宁师范大学学报》（哲学社会科学版）2021 年第 2 期。

李仲生：《人口经济学》（第 2 版），清华大学出版社 2009 年版。

刘宏、高松、王俊：《养老模式对健康的影响》，《经济研究》2011 年第 4 期。

刘厚莲：《世界和中国人口老龄化发展态势》，《老龄科学研究》2021 年第 12 期。

刘妮娜：《欠发达地区农村互助型社会养老服务的发展》，《人口与经济》2017 年第 1 期。

马姗伊：《人口老龄化视角下我国家庭养老支持体系建设研究》，《当代经济研究》2021 年第 3 期。

穆光宗：《家庭养老制度的传统与变革——基于东亚和东南亚地区的一项比较研究》，华龄出版社 2002 年版。

青连斌：《积极应对人口老龄化要"两手抓"的战略选择和政策建议》，《西北大学学报》（哲学社会科学版）2021 年第 2 期。

施巍巍、唐德龙：《欠发达地区破解养老服务之困的路径选择与创新》，《中国行政管理》2015 年第 4 期。

童峰：《多系统互动智慧养老服务体系的构建与应用对策》，《南通大学学报》（社会科学版）2021 年第 2 期。

王素霞、吴礼好：《贵州省养老服务机构发展现状及对策研究》，《农村经济与科技》2019 年第 15 期。

夏冠莉：《政府购买养老服务模式的研究——以上海市浦东新区社区老年人日间照护服务为例》，硕士学位论文，上海交通大学，2016 年。

徐俊、朱宝生：《养老机构床位使用率及其影响因素研究——以北京市为例》，《人口与经济》2019 年第 3 期。

徐拓远、张云华：《"十四五"时期积极应对农村人口老龄化的思路与举措》，《改革》2021 年第 10 期。

姚俊、张丽：《嵌入性促进、个体性感知与农村居家养老服务需求——基于三省 868 名农村老人的问卷调查》，《贵州社会科学》2018 年第 8 期。

原新、石海龙：《中国出生性别比偏高与计划生育政策》，《人口研究》2005 年第 3 期。

张邦辉、杨乐：《贵州省劳动力流出地农村老年人养老服务供需现状研究——基于毕节市农村老年人的问卷调查》，《贵州社会科学》2017 年第 2 期。

张平、向卫娥：《国内外养老机构护理人员的现状研究》，《中国老年学杂志》2015 年第 19 期。

张文娟、赵德宇：《城市中低龄老年人的社会参与模式研究》，《人口与发展》2015 年第 1 期。

张祥云：《国外居家养老方式的经验与启示——以美国、芬兰、瑞典、日本为例》，《特区经济》2013 年第 10 期。

周晓蒙、卢亚茹：《居住安排对老年人自评生活质量的影响研究》，《中国人口科学》2022 年第 6 期。

朱慧劼、姚兆余：《多学科视野下的农村养老：理论分析与路径探究——人口老龄化与农村养老服务体系建设高层论坛综述》，《南京农业大学学报》（社会科学版）2022 年第 3 期。

后　记

本书是中国社会科学院国情调研贵州基地"十四五"时期阶段性研究成果。研究围绕人口老龄化背景下养老服务体系这一重要议题，使用科学规范的调查方法，扎实开展调查研究，从多个维度和视角分析了养老服务供需匹配矛盾，提出了欠发达地区推动养老服务体系建设的思路与建议。研究特色主要体现在以下几个方面。

一是用调查数据说话，贯彻习近平总书记提出"大兴调查研究之风"精神。课题组从养老服务的供给主体、需求主体、公共服务主体以及政府管理部门等多个维度构建数据库，包括贵州省人口基础数据库、贵州省养老服务机构抽样调查数据、家庭住户抽样调查数据、社区层面基本公共服务调查数据、贵州省养老服务典型案例资料库以及贵州省养老服务政策数据库。丰富的调查数据确保了研究结果具有可信性和说服力。

二是抓住主要矛盾，研究提出了欠发达地区养老服务体系的关键障碍与实施路径。"未富先老"是欠发达地区经济发展最大的约束条件，人口与经济快速转型成为贵州养老服务发展最重要的"基础环境"与"硬约束"。贵州省养老服务供给不足是养老服务体系建设的关键短板，养老服务供需矛盾突出是养老服务体系的关键"堵点"，而养老服务领域的公共属性与产业属性界定不清是深层次体制机制问题。研究结论对于破解欠发达地区养老服务发展难题具有启示意义。

三是妥善处理地方实践探索与中央顶层设计之间的关系，研究思路与政策建议具有应用价值。研究提出，积极应对人口老龄化本质上要求在发展中寻求破解之道，需要明确政府、市场、社区和家庭的角色与功能，补齐公益性、基础性服务业供给短板，加快推动养老服务高质量发展。研究提出的关键举措既符合贵州省实际情况，也对于国家层面完善顶层设计具有参考价值。

本书研究得到了贵州省社会科学院的有力支撑，在推进"十四五"时期国情调研基地建设中，双方形成了紧密的合作关系，以数据库建设为工作重点，发挥各自优势，整合资源，扎实开展调查研究，加强人才交流与合作研究，致力于推出高质量调查研究成果。数据是核心资源，数据库是国情调研基地持续发展的关键支撑，国情调研数据库将对接到中国社会科学院图书馆数据库共享平台，对全院科研人员开放。

国情调研基地建设也在积极探索多种合作模式，与地方各类机构建立合作关系，构建更加完备的调研体系。贵阳市住户抽样调查得到了贵州财经大学公共管理学院的支持，曾富生副院长组织学院师资力量、在校学生积极参与调查，组建了一支具有战斗力的督导员、调查员队伍，顺利完成了约1000户家庭的入户访问工作，同时也组织科研骨干参与调查数据资源的开发，实现了数据共享、合作共赢。调查也得到了贵阳团市委、基层社区的支持配合。

贵州财经大学公共管理学院曾富生在典型案例分析中提供了资料支持。中国社会科学院人口与劳动经济研究所研究生赵梓臣（贵州人口结构）、曹焱芳（贵州养老服务资源供给）、曹雯（贵州养老服务机构运营）在调研实施、数据分析以及报告撰写中发挥了积极作用。

感谢中国社会科学院科研局对国情调研贵州基地建设的大力支持。

程　杰

2024 年 12 月